大方廣佛華嚴經第二十卷 [illegible]

大方廣佛華嚴經

일러두기

1. 『대방광불화엄경 강설』 원문原文의 저본底本은 근세에 교정이 가장 잘 되었다고 정평이 나 있는 대만臺灣의 불타교육기금회佛陀教育基金會에서 출판한 『화엄경소초華嚴經疏鈔』본입니다.

2. 『대방광불화엄경 강설』은 실차난타實叉難陀가 695년부터 699년까지 4년에 걸쳐 번역해 낸 80권본卷本 『대방광불화엄경』을 우리말로 옮기고 강설을 붙인 것입니다.

3. 『대방광불화엄경』은 애초 산스크리트에서 한역漢譯된 경전이지만 현재 산스크리트본은 소실된 상태입니다. 산스크리트를 음차한 경우 굳이 원래 소리를 표기하려고 하기보다는 『표준국어대사전』이나 『불교사전』 등에 등재된 한자음을 사용하는 것을 원칙으로 하였습니다.

4. 경문의 한글 번역은 동국역경원본을 참고하여 그대로 또는 첨삭을 하며 의미대로 번역하고 다듬었습니다.

5. 각 품마다 내용에 따라 단락을 나누고 제목을 달았습니다. 단락의 제목은 주로 청량淸凉스님의 견해에 기초하였고 이통현李通玄장자의 견해를 참고로 하였습니다.

6. 『대방광불화엄경 강설』의 발행 순서는 한역 경전의 편재 순서를 기준으로 하였고 각 권은 단행본 한 권씩으로 출간될 예정이며 모두 80권으로 완간됩니다. 다만 80권본에 빠져 있는 「보현행원품」은 80권본 완역 및 강설 후 시리즈에 포함돼 추가될 예정입니다.

7. 『대방광불화엄경 강설』 안에서 불교용어를 풀이한 것은 운허스님이 저술하고 동국역경원에서 편찬한 『불교사전』을 인용하였습니다.

8. 각주의 청량스님의 소疏는 대만에서 입력한 大方廣佛華嚴經 사이트의 것을 사용하였습니다.

9. 『대방광불화엄경 강설』 입법계품에 들어가는 문수지남도는 북송北宋시대 불국佛國선사가 선재동자가 53명의 선지식을 친견하여 법을 구하는 장면을 하나하나 그림으로 그린 것입니다.

대방광불화엄경 강설
제 28 권

二十五. 십회향품十廻向品 6

실차난타實叉難陀 한역
무비스님 강설

서문

여래께서 세상에 출현하셨습니다.

여래께서 세상에 출현하셨습니다.

여래께서 화엄경에 출현하셨습니다.

여래께서 이 화엄경 한 구절 한 구절마다에 출현하셨습니다.

여래께서 이 화엄경 한 글자 한 글자마다에 출현하셨습니다.

부처님의 법[佛敎]은 베푸는 일이고, 나누는 일이고, 보시하는 일이고, 회향하는 일입니다. 그런데 무엇을 나누어 보시하면 가장 수승한 보시가 되겠습니까? 무엇을 나누어 보시하면 가장 훌륭한 공덕의 과보를 얻겠습니까?

여래께서 세상에 출현하셨음을 알리는 일입니다. 여래께서 화엄경에 출현하셨음을 널리 알리는 일입니다. 여래께서 이 화엄경 한 구절 한 구절, 한 글자 한 글자마다에 출현하셨음을 만천하에 알리는 일입니다.

부디 온 세상에 화엄경이 있음을 널리 알리는 크나큰 보시 공덕으로 회향합시다. 화엄경이 세상에 있음을 알리는 훌륭한 보시로써 복을 짓고 공덕을 닦읍시다. 이 세상에서 최상의 보물로써 무한보시를 실천하는 공덕을 닦는 보살이 됩시다.

오다. 오다. 오다.
오다. 서럽더라.
서럽더라. 우리네여,
공덕 닦으러 오다.

인생은 오직 공덕을 닦는 일입니다. 수승한 공덕을 닦는 일입니다. 화엄경 부처님이 세상에 오셨음을 널리 알리는 크나큰 보시 공덕으로 회향하는 일입니다.

2015년 5월 15일
신라 화엄종찰 금정산 범어사
如天 無比

대방광불화엄경 목차

대방광불화엄경 강설 제28권

二十五. 십회향품十廻向品 6

4. 금강당보살이 열 가지 회향을 설하다

8) 제6 수순견고일체선근회향

(6) 60종의 보시

대방광불화엄경 강설

제28권

二十五. 십회향품 6

4. 금강당보살이 열 가지 회향을 설하다

8) 제6 수순견고일체선근회향隨順堅固一切善根迴向

(6) 60종의 보시

46〉 여래 출현을 찬탄하는 보시

불자 보살마하살 약견여래 출흥어세
佛子야 菩薩摩訶薩이 若見如來가 出興於世하야

개연정법 이대음성 보고일체 여래출
開演正法하면 以大音聲으로 普告一切호대 如來出

세 여래출세 영제중생 득문불명
世시며 如來出世라하야 令諸衆生으로 得聞佛名하고

사리일체아만희론
捨離一切我慢戲論하며

"불자들이여, 보살마하살이 만일 여래께서 세상에 출현하여 바른 법을 연설하심을 보면 큰 음성으로 여러 사람에게 말하되 '여래께서 세상에 출현하셨다. 여래께서 세상에 출현하셨다.'라고 하여 모든 중생들로 하여금 부처님의 이름을 듣고 일체 아만我慢과 희론戲論을 버리게 하느니라."

80화엄경 십회향품十廻向品의 여섯 번째 권이다. 십회향 중에서 제6 수순견고일체선근회향을 계속해서 설하고 있다. 제6 회향의 60종 보시에 대한 설법만도 무려 세 권 반이나 된다. 46번째 보시는 여래의 출현을 찬탄하여 보시하고 회향하는 내용이다.

성인의 출현을 알리는 일이야말로 보시 중에서 가장 수승한 보시다. 여래가 출현하시면 정법을 연설하실 것이고, 정법을 연설하시면 미혹한 중생들로 하여금 모든 존재의 실상에 눈을 뜨게 할 것이다. 따라서 일체 고통을 떠나고 즐거움을 얻게 될 것이다. 이 얼마나 아름답고 훌륭한 보시인가. 그래서 필자는 여래 출현의 참다운 뜻인 화엄경을 끊임없이 선전하는 것이다. 훌륭한 법석이 있음을 알려 권선하고 진리에 대한 바른 가르침을 널리 법공양하는 일은 가장 값진 보배를 보시하여 회향하는 일이다. "여기 여래께서 세상에 출현하셨다. 여래께서 세상에 출현하셨다. 여래께서 화엄경에 출현하셨다."

부갱권도　영속견불　영억념불　영귀
復更勸導하야 **令速見佛**하고 **令憶念佛**하고 **令歸**
향불　영반연불　영관찰불　영찬탄불
向佛하고 **令攀緣佛**하고 **令觀察佛**하고 **令讚歎佛**하며

"다시 또 권하고 지도하여 부처님을 빨리 보게 하고, 부처님을 생각하게 하고, 부처님께 귀의하게 하고, 부처님을 반연하게 하고, 부처님을 관찰하게 하고, 부처님을 찬탄하게 하느니라."

부처님을 어디에서 보는가? 화엄경 한 구절 한 구절에서 본다. 부처님을 어떻게 생각하는가? 화엄경을 공부하며 깊이 생각한다. 부처님께 어떻게 귀의하는가? 화엄경을 존중하고 찬탄하여 귀의한다. 부처님을 어떻게 반연하는가? 자

나 깨나 화엄경과 더불어 함께한다. 부처님을 어떻게 관찰하는가? 화엄경에서 마음과 눈을 떼지 않는다. 부처님을 어떻게 찬탄하는가? 화엄경이 아니면 말하지 않는다.

부위광설불난치우 천만억겁 시내일출
復爲廣說佛難値遇호대 **千萬億劫**에 **時乃一出**

중생 유차득견어불 생청정신 용약
이니 **衆生**이 **由此得見於佛**하고 **生淸淨信**하야 **踊躍**

환희 존중공양
歡喜하야 **尊重供養**이라하니라

"다시 또 말하기를 '부처님은 만나기 어려우니 천만 억 겁劫에 한 번 출현하신다.' 하며, 중생들이 이 말을 듣고 부처님을 뵈옵고 청정한 신심을 내며 뛸 듯이 환희하고 존중하며 공양하느니라."

의상스님께서 이 화엄경을 가르치려고 범어사 등 십여 사찰을 건립하였다. 그런데 후생들은 평생을 범어사에서 살면서도 화엄경이 무엇인지 알지 못하고 일생을 허망하게 보내 버리니 참으로 백천만겁에 만나기 어렵다는 말의 뜻을 이해하게 된다. 그래서 부처님인 이 화엄경을 찬탄하고, 찬탄하고, 또 찬탄하여야 할 것이다.

부어불소 문제불명 전갱치우무수제불
復於佛所에 **聞諸佛名**하고 **轉更值遇無數諸佛**

식제선본 수습증장
하야 **植諸善本**하야 **修習增長**이니라

"다시 또 부처님 계신 데서 모든 부처님의 이름을 듣고 더욱더 수없는 부처님을 만나 선근을 심고 닦아서 증장케 하느니라."

한 번 보시를 하면 보시한 확실한 공덕은 다시 또 보시를 하게 되는 것이고, 공부를 하고 나면 공부한 확실한 공덕은 다시 또 공부를 하게 되는 것이다. 부처님의 이름을 듣고 친견한 가장 확실한 공덕은 부처님의 이름을 더 많이 듣고 더 많이 친견하게 되는 것이다.

이시 무수백천만억나유타중생 인견불
爾時에 無數百千萬億那由他衆生이 因見佛

고 개득청정 구경조복 피제중생 어보
故로 皆得淸淨하야 究竟調伏하며 彼諸衆生이 於菩

살소 개생최상선지식상 인보살고 성취
薩所에 皆生最上善知識想하며 因菩薩故로 成就

불법 이무수겁소종선근 보어세간 시
佛法하야 以無數劫所種善根으로 普於世間에 施

작불사
作佛事니라

"이때에 무수한 백천만 억 나유타 중생들이 부처님을 친견한 인연으로 모두 청정함을 얻고 구경에는 조복하며, 저 모든 중생들이 보살들에게 가장 높은 선지식이라는 생각을 내며, 보살로 인하여 불법佛法을 성취하고, 무수한 겁 동안에 심은 선근으로 널리 세간에서 불사를 베푸느니라."

모든 중생이 보살들에게 가장 높은 선지식이라는 생각을 내며, 보살로 인하여 불법佛法을 성취하고, 무수한 겁 동안에 심은 선근으로 널리 세간에서 불사를 베푸는 일은 모든 불자가 할 일이다. 더하여 화엄경을 인연으로 하여 부처님을 친견하게 하는 크나큰 불사를 짓는 일 또한 불자가 할 일이다. 이러한 마음으로 아래와 같이 회향한다.

불자 보살마하살 개시중생 영견불시
佛子야 **菩薩摩訶薩**이 **開示衆生**하야 **令見佛時**

이제선근 여시회향
에 **以諸善根**으로 **如是廻向**하나니

"불자들이여, 보살마하살이 중생에게 열어 보여서 부처님을 친견하게 하는 때에 모든 선근으로 이와 같이 회향하느니라."

소위원일체중생 부대권유 자왕견불
所謂願一切衆生이 **不待勸誘**하고 **自往見佛**하야

승사공양 개령환희
承事供養하야 **皆令歡喜**하며

"이른바 '원컨대 일체 중생이 권유함을 기다리지 않고도 스스로 가서 부처님을 뵈옵고 받들어 섬기며 공양

하여 다 환희케 하여지이다.' 라고 하느니라."

만약 일체 중생이 권유함을 듣고라도 가서 부처님을 친견한다면 오죽 착하랴. 만약 일체 중생이 권유함을 듣고라도 가서 화엄경을 공부한다면 얼마나 예쁘랴. 만약 일체 중생이 권유함을 듣고라도 인과를 믿어 실천한다면 얼마나 환희로우랴.

원일체중생 상락견불 심무폐사
願一切衆生이 **常樂見佛**하야 **心無廢捨**하며

"'원컨대 일체 중생이 항상 부처님 뵈옵기를 좋아하여 마음에 버리지 말아지이다.' 라고 하느니라."

원일체중생 상근수습광대지혜 수지일체제불법장
願一切衆生이 **常勤修習廣大智慧**하야 **受持一切諸佛法藏**하며

"'원컨대 일체 중생이 광대한 지혜를 항상 부지런히 닦아서 일체 모든 부처님의 법장法藏을 받아 지녀지이다.' 라고 하느니라."

원일체중생 수소문성 개오불법 어
願一切衆生이 **隨所聞聲**하야 **皆悟佛法**하야 **於**
무량겁 수보살행
無量劫에 **修菩薩行**하며

"'원컨대 일체 중생이 소리를 듣는 대로 불법을 깨닫고 한량없는 겁 동안에 보살의 행行을 닦아지이다.' 라고 하느니라."

원일체중생 안주정념 항이지안 견
願一切衆生이 **安住正念**하야 **恒以智眼**으로 **見**
불출흥
佛出興하며

"'원컨대 일체 중생이 바른 생각에 머물러서 항상 지혜의 눈으로 부처님이 출현하심을 보아지이다.' 라고 하느니라."

원일체중생 불념이업 상억견불 근수
願一切衆生이 **不念異業**하고 **常憶見佛**하야 **勤修**
십력
十力하며

"'원컨대 일체 중생이 다른 업을 생각하지 말고 항상 부처님 뵈옵기를 생각하며 십력十力을 부지런히 닦아지이다.' 라고 하느니라."

원일체중생 어일체처 상견제불 요달
願一切衆生이 **於一切處**에 **常見諸佛**하야 **了達**
여래 변허공계
如來가 **徧虛空界**하며

"'원컨대 일체 중생이 온갖 곳에서 항상 부처님을 뵈옵고 여래가 허공에 가득한 줄을 분명히 알아지이다.' 라고 하느니라."

원일체중생　개득구족불자재신　보어시
願一切衆生이 皆得具足佛自在身하야 普於十

방　성도설법
方에 成道說法하며

"'원컨대 일체 중생이 부처님의 자재한 몸을 모두 구족하여 널리 시방에서도 도道를 이루고 법을 말하게 하여지이다.' 라고 하느니라."

원일체중생　우선지식　상문불법　어제
願一切衆生이 遇善知識하야 常聞佛法하고 於諸

여래　득불괴신
如來에 得不壞信하며

"'원컨대 일체 중생이 선지식善知識을 만나서 불법을 항상 듣고 여래에게 부서지지 않는 신심信心을 얻어지이다.' 라고 하느니라."

원일체중생　실능칭탄제불출흥　영기견
願一切衆生이 悉能稱歎諸佛出興하야 令其見

자　보득청정
者로 普得清淨이니라

"'원컨대 일체 중생이 모든 부처님이 출현하심을 찬탄하여 보는 이들로 하여금 널리 청정하게 하여지이다.' 라고 하느니라."

시위보살마하살　탄불출세　　선근회향
是爲菩薩摩訶薩의 歎佛出世하야 善根廻向이니

위령중생　　견일체불　　공양승사　　어무상
爲令衆生으로 見一切佛하고 供養承事하야 於無上

법　구경청정고
法에 究竟清淨故니라

"이것이 보살마하살이 부처님의 출현하심을 찬탄하는 선근善根으로 회향하는 것이니라. 중생들로 하여금 모든 부처님을 뵈옵고 공양하고 섬기면서 위가 없는 법을 끝까지 청정하게 하려는 연고이니라."

보살이 46번째 여래 출현을 찬탄하는 보시로써 회향하

는 설법을 마쳤다. 이와 같은 보시는 아무런 돈이 들지 않는다. 돈은 들지 않지만 공덕이 아주 수승한 보시다. 세상에는 부처님이 계시고, 부처님 진리의 가르침이 머물고, 그 진리의 가르침을 따르는 승가가 있다는, 즉 세 가지 보배가 존재한다는 사실을 널리 선전하는 보시다. 그것에 더하여 불교 일체를 아우르는 화엄경이 있다는 것을 널리 알린다면 그보다 더 위대한 보시는 없을 것이다.

47〉 큰 땅을 보시하다

불자 보살마하살 사어대지 혹시제불
佛子야 **菩薩摩訶薩**이 **捨於大地**호대 **或施諸佛**

조립정사 혹시보살 급선지식 수의
하야 **造立精舍**하며 **或施菩薩**과 **及善知識**하야 **隨意**

소용 혹시중승 이위주처
所用하며 **或施衆僧**하야 **以爲住處**하며

"불자들이여, 보살마하살이 큰 땅을 희사喜捨할 적에 혹은 부처님께 바치어 절을 지으며, 혹은 보살이나 선지식에게 보시하여 마음대로 쓰게 하며, 혹은 스님들에

게 보시하여 있을 데를 삼게 하느니라."

땅을 보시하여 부처님께 바친 사례는 기원정사를 지을 때 기타태자와 급고독장자의 이야기가 널리 알려져 있다. 그 외에도 2천6백여 년의 오랜 역사 속에서 보살에게 보시하고 선지식에게 보시하고 스님들에게 보시하여 큰 절을 짓거나 포교당을 짓거나 심지어 사찰의 주차장으로 제공한 사례는 매우 많다. 얼마나 아름다운 일인가. 길이길이 복을 받을 진저.

혹시부모　혹시별인　성문독각　종종
或施父母하며 **或施別人**하며 **聲聞獨覺**의 **種種**

복전　내지일체빈궁고로　급여사중　수의실
福田과 **乃至一切貧窮孤露**와 **及餘四衆**에 **隨意悉**

여　영무소핍
與하야 **令無所乏**하며

"혹은 부모에게 드리고, 혹은 다른 사람에게 드리며, 성문聲聞이나 독각獨覺이나 여러 가지 복전에 베풀며, 내지 모든 빈궁하고 고독한 이와 다른 사부대중에게 마음대로 주어 모자람이 없게 하느니라."

혹시조립여래탑묘 어여시등제처지중
或施造立如來塔廟하고 **於如是等諸處之中**에

실위판구자생집물 영수의용 무소공구
悉爲辦具資生什物하야 **令隨意用**하야 **無所恐懼**니라

"혹은 여래의 탑을 세워 보시하나니 이와 같은 등 여러 곳에서 살아갈 물품을 마련하여 뜻대로 쓰면서 걱정이 없게 하느니라."

땅을 보시할 뿐만 아니라 집을 지어 보시하고 생활에 필요한 물품을 마련하여 보시한다. 대만의 증엄證嚴스님이 이끌어 가는 세계 최대의 봉사단체인 '자재공덕회'는 세계 곳곳에서 재난이 일어나면 가장 먼저 달려가서 구호활동을 벌인다. 주거 시설과 학교를 짓는 것은 물론 불교 단체인데도 교회를 두 곳이나 지어 기독교인들이 편하게 예배를 볼 수 있게 한 사례가 있어 찬탄이 자자하다. 이 얼마나 아름다운

보살의 자비 보시행인가. 보시가 불법이기 때문이다. 무엇을 보시하든 자비로 보시하는 일 그 자체가 곧 불교이다. 땅을 보시하여 회향하는 일을 아래에 널리 밝혔다.

보살마하살 수하방소 보시지시 이제
菩薩摩訶薩이 隨何方所하야 布施地時에 以諸

선근 여시회향
善根으로 如是廻向하나니

"보살마하살이 어디서든지 땅을 보시할 적에 모든 선근으로 이와 같이 회향하느니라."

소위원일체중생 구족청정일체지지 실
所謂願一切衆生이 具足淸淨一切智地하야 悉

도보현중행피안
到普賢衆行彼岸하며

"이른바 '원컨대 일체 중생이 온갖 지혜의 땅을 구족히 청정하게 하여 보현의 여러 행원行願인 저 언덕에 이르러지이다.' 라고 하느니라."

원일체중생 득총지지 정념수지일체불
願一切衆生이 得總持地하야 正念受持一切佛

법
法하며

"'원컨대 일체 중생이 모두 지니는[總持] 땅을 얻어 바른 생각으로 모든 부처님의 법을 받아 가져지이다.'라고 하느니라."

원일체중생 득주지력 상능수호일체불
願一切衆生이 得住持力하야 常能守護一切佛

교
敎하며

"'원컨대 일체 중생이 머물러 지니는[住持] 힘을 얻어 모든 부처님의 가르침을 항상 수호하여지이다.'라고 하느니라."

원일체중생 득여지심 어제중생 의상
願一切衆生이 得如地心하야 於諸衆生에 意常

청정 무유악념
淸淨하야 無有惡念하며

"'원컨대 일체 중생이 땅과 같은 마음을 얻어 여러 중생들을 대하매 뜻이 항상 청정하고 나쁜 생각이 없어지이다.' 라고 하느니라."

원일체중생 지제불종 성취보살 제지
願一切衆生이 持諸佛種하야 成就菩薩의 諸地

차제 무유단절
次第하야 無有斷絶하며

"'원컨대 일체 중생이 부처님의 종성種性을 얻어 보살의 모든 지위의 차례를 성취하고 끊어짐이 없어지이다.' 라고 하느니라."

원일체중생 보위일체 작안은처 실령
願一切衆生이 普爲一切하야 作安隱處하고 悉令

조복 주청정도
調伏하야 住淸淨道하며

"'원컨대 일체 중생이 모든 이들을 위해서 편안히 있을 곳이 되어 모두 조복하여 청정한 도道에 머물게 하여지이다.' 라고 하느니라."

원일체중생 동제여래 이익세간 보사
願一切衆生이 **同諸如來**의 **利益世間**하야 **普使**

근수 안주불력
勤修하야 **安住佛力**하며

"'원컨대 일체 중생이 모든 여래와 같이 세간을 이익하게 하며, 널리 부지런히 닦아서 부처님의 힘에 편안히 머물게 하여지이다.' 라고 하느니라."

원일체중생 보위세간지소애락 실령안
願一切衆生이 **普爲世間之所愛樂**하야 **悉令安**

주무상불락
住無上佛樂하며

"'원컨대 일체 중생이 세간 사람들의 사랑하는 바가 되어 위가 없는 부처님의 낙樂에 편안히 머물게 하여지이다.' 라고 하느니라."

원일체중생 획선방편 주불제력무외법
願一切衆生이 獲善方便하야 住佛諸力無畏法

중
中하며

"'원컨대 일체 중생이 좋은 방편을 얻어 모든 부처님의 여러 가지 힘과 두려움 없는 법에 있게 하여지이다.' 라고 하느니라."

원일체중생 득여지지 자재수행일체불
願一切衆生이 得如地智하야 自在修行一切佛

법
法이니라

"'원컨대 일체 중생이 땅과 같은 지혜를 얻어 모든 불법佛法을 자재하게 수행하여지이다.' 라고 하느니라."

시위보살마하살 시대지시 선근회향
是爲菩薩摩訶薩의 **施大地時**에 **善根廻向**이니

위령중생 개득구경일체여래청정지고
爲令衆生으로 **皆得究竟一切如來淸淨地故**니라

"이것이 보살마하살이 큰 땅을 보시할 때에 선근으로 회향하는 것이니라. 중생들로 하여금 모든 여래의 청정한 땅을 끝까지 얻게 하려는 연고이니라."

보살이 땅을 보시하여 회향하는 설법을 마쳤다. 중생들로 하여금 모든 여래의 청정한 땅을 끝까지 얻게 하려는 것이 그 목적임을 설하였다.

48〉 하인을 보시하다

불자 보살마하살 보시동복 공양일체
佛子야 **菩薩摩訶薩**이 **布施僮僕**하야 **供養一切**

제불보살진선지식 혹시승보
諸佛菩薩眞善知識하며 **或施僧寶**하며

"불자들이여, 보살마하살이 하인들을 보시하여 여러

부처님과 보살과 선지식에게 공양하며 혹은 스님에게 보시하느니라."

48번째는 하인을 보시하여 회향하는 내용이다. 여러 부처님과 보살과 선지식에게 공양하며 혹은 스님에게 보시한다고 하였다. 하인이 시중을 드는 것도 보시며 선근이며 공양이다. 이바지하는 것은 모두 공양이기 때문에 그렇게 표현한 것이다.

혹 봉 부 모 존 승 복 전 　 혹 부 급 시 병 고 중 생
或奉父母尊勝福田하며 **或復給施病苦衆生**하야

영 무 궐 핍 　 이 존 기 명
令無闕乏하야 **以存其命**하며

"혹은 부모와 수승한 복전을 받들며, 혹은 다시 병들어 고통받는 중생에게 이바지하여 부족함이 없게 하고 목숨을 이어가게 하느니라."

부모를 도와드리고, 수승한 어른을 시봉하고, 혹은 병든

이를 간병하는 일은 더할 나위 없이 훌륭한 보시며 공양이다. 필자도 2003년에 병고를 앓기 시작한 이후로 10년이 넘는 세월 동안 간병 보살의 시중과 도움으로 살아가고 있다. 얼마나 중요한 보시 공양인가. 만약 간병 보살의 도움이 없었다면 이와 같은 화엄경 공부도 할 수 없었을 것이다. 또 공부를 할 수 없었다면 화엄경 강설 책이 세상에 나올 수도 없었을 것이다. 수많은 인연 중에서도 이와 같은 인연의 덕으로 살아가는 것이다.

혹부시여빈궁고로　급여일체무첨시자
或復施與貧窮孤露와 **及餘一切無瞻侍者**하며

혹위수호여래탑묘　혹위서지제불정법
或爲守護如來塔廟하며 **或爲書持諸佛正法**하야

"혹은 다시 빈궁하고 고독한 이와 그 외의 시중할 이가 없는 이에게 주며, 혹은 여래의 탑을 수호하며, 혹은 모든 부처님의 정법을 쓰고 지니게 하느니라."

시중이 필요한 사람에게 시중들 사람을 보내 주고, 또 부처님의 탑묘를 수호하는 사람을 마련하는 일은 반드시 필요한 시자를 보시하는 일이다. 그리고 옛날에는 경전을 베껴 쓰는 일도 아무나 할 수 없었기 때문에 사람을 고용하여 경전을 사경하였다. 요즘으로 말하면 인쇄하는 사람이나 출판을 전문으로 하는 사람을 두어 경전을 출판하는 일이기 때문에 반드시 필요한 일이었다. 그 또한 공양이 되고 보시가 된다.

이백천억나유타복사 수시급시 기제복
以百千億那由他僕使로 **隨時給施**호대 **其諸僕**

사 개총혜선교 성자조순 상근정진
使가 **皆聰慧善巧**하야 **性自調順**하며 **常勤精進**하야

무유해타
無有懈惰하며

"백천억 나유타 하인들을 때때로 주어 시중들게 하면, 그 하인들은 모두 총명하고 민첩하고 성품이 고르고 순하며 항상 부지런히 정진하고 게으르지 않느니라."

필자는 일찍이 시중을 드는 사람에게 부탁하는 규칙이 있다. "두뇌는 명석하게, 행동은 민첩하게, 말은 무겁게"이다. 만약 시중드는 사람이 이와 같지 않다면 시중을 받는 사람은 매우 불편하기 때문이다.

구질직심 안락심 이익심 인자심 공각
具質直心과 **安樂心**과 **利益心**과 **仁慈心**과 **恭恪**
심 무원한심 무수적심 능수수자 방속
心과 **無怨恨心**과 **無讎敵心**하고 **能隨受者**의 **方俗**
소의 어피피중 작제이익
所宜하야 **於彼彼中**에 **作諸利益**하며

"정직한 마음과 안락한 마음과 이익한 마음과 인자한 마음과 조심하는 마음과 원한이 없는 마음과 대적함이 없는 마음을 갖추어 능히 받아들이는 이의 풍속에 적당하게 그 사람들 가운데서 여러 가지 이익을 짓느니라."

시중을 드는 사람이 가져야 할 마음을 열거하였다. 시중드는 사람보다 시중을 받는 사람이 마음이 더 불안하고 두

렵고 짜증을 낼 조건들이 많기 때문에 시중드는 사람들은 반드시 위와 같은 마음을 가져야 한다.

우개종보살정업소감　재능기예　공교산수
又皆從菩薩淨業所感인 **才能技藝**와 **工巧算數**를

미불통달　선능공시　열가기심
靡不通達하야 **善能供侍**하야 **悅可其心**이니라

"또 모든 보살의 청정한 업業으로부터 생긴 바를 따라 재능과 기술과 공교와 산수를 모두 통달하였고, 시중을 잘 들어 그들의 마음을 기쁘게 하느니라."

시중을 드는 사람은 실로 만능이어야 한다. 음식을 만들고 청소를 하고 빨래를 하고, 환자의 심리상태를 읽고, 환자의 건강과 약에 대한 지식을 갖추고, 찾아오는 사람들의 성향을 파악하고, 그들을 편안하게 잘 영접하는 등 갖춰야 할 능력이 한둘이 아니다. 이와 같은 능력과 재능과 지식을 갖춘 사람을 잘 선별해서 시중을 들도록 보내 줘야 한다.

보살 이시 이제선근 여시회향
菩薩이 爾時에 以諸善根으로 如是廻向하나니

"보살이 그때에 모든 선근으로 이와 같이 회향하느니라."

소위원일체중생 득조순심 일체불소
所謂願一切衆生이 得調順心하야 一切佛所에

수습선근
修習善根하며

"이른바 '원컨대 일체 중생이 순조로운 마음을 얻어 모든 부처님 계신 데서 선근을 닦아지이다.' 라고 하느니라."

원일체중생 수순공양일체제불 어불소
願一切衆生이 隨順供養一切諸佛하야 於佛所

설 실능청수
說에 悉能聽受하며

"'원컨대 일체 중생이 일체 모든 부처님을 따라 공양

하면서 부처님께서 말씀하신 것을 모두 들어지이다.' 라고 하니니라."

원일체중생　득불섭수　상관여래　갱무
願一切衆生이 得佛攝受하야 常觀如來하고 更無
여념
餘念하며

"'원컨대 일체 중생이 부처님의 거두어 주심을 받들어 항상 여래를 관찰하고 다른 생각이 없어지이다.' 라고 하니니라."

원일체중생　불괴불종　근수일체　순
願一切衆生이 不壞佛種하고 勤修一切하야 順
불선근
佛善根하며

"'원컨대 일체 중생이 부처님의 종성을 깨뜨리지 않고 모든 것을 부지런히 닦아 부처님의 선근을 순종하여지이다.' 라고 하니니라."

원일체중생 상근공양일체제불 무공과시
願一切衆生이 常勤供養一切諸佛하야 無空過時하며

"'원컨대 일체 중생이 모든 부처님께 항상 부지런히 공양하고 헛되이 지내는 때가 없어지이다.' 라고 하느니라."

원일체중생 섭지일체제불묘의 언사청정 유행무외
願一切衆生이 攝持一切諸佛妙義하야 言詞淸淨하야 遊行無畏하며

"'원컨대 일체 중생이 일체 모든 부처님의 묘한 이치를 받들어 가져 말이 청정하며 다니는 데 두려움이 없어지이다.' 라고 하느니라."

원일체중생 상락견불 심무염족 어제
願一切衆生이 常樂見佛호대 心無厭足하야 於諸

불소 불석신명
佛所에 不惜身命하며

"'원컨대 일체 중생이 부처님 뵈옵기를 항상 좋아하여 마음에 싫어할 줄 모르며 부처님께 대하여서는 신명도 아끼지 말아지이다.' 라고 하느니라."

원일체중생 득견제불 심무염착 이세
願一切衆生이 得見諸佛하고 心無染着하야 離世
소의
所依하며

"'원컨대 일체 중생이 모든 부처님을 뵈옵고 마음이 물들지 않으며 세간에 의지함을 여의어지이다.' 라고 하느니라."

원일체중생 단귀어불 영리일체사귀의
願一切衆生이 但歸於佛하야 永離一切邪歸依
처
處하며

"'원컨대 일체 중생이 부처님만 의지하고 삿되게 의지하는 모든 곳을 여의어지이다.' 라고 하느니라."

원일체중생 수순불도 심상락관무상불법
願一切衆生이 隨順佛道하야 心常樂觀無上佛法이니라

"'원컨대 일체 중생이 부처님의 도道를 따르고 마음으로는 항상 위없는 불법佛法을 관찰하기를 좋아하여지이다.' 라고 하느니라."

시위보살마하살 시복사시 선근회향
是爲菩薩摩訶薩의 施僕使時에 善根廻向이니

위령중생 원리진구 정치불지 능현여래자재신고
爲令衆生으로 遠離塵垢하고 淨治佛地하야 能現如來自在身故니라

"이것이 보살마하살이 하인들을 보시할 때에 선근으

로 회향하는 것이니라. 중생들로 하여금 티끌을 멀리 여의고 부처님 땅을 깨끗이 닦아 여래의 자재한 몸을 나타내게 하려는 연고이니라."

48번째로 보살이 시중드는 사람을 보시하여 회향하는 법을 설하여 마쳤다. 중생들로 하여금 번뇌의 티끌을 멀리 여의고 부처님 땅을 깨끗이 닦아 여래의 자재한 몸을 나타내게 하려는 까닭임을 밝혔다.

49〉 몸을 버려 겸하謙下하는 보시

불자 보살마하살 이신보시제래걸자
佛子야 **菩薩摩訶薩**이 **以身布施諸來乞者**호대

보시지시 생겸하심 생여지심 생인수중
布施之時에 **生謙下心**하며 **生如地心**하며 **生忍受衆**

고무변동심
苦無變動心하며

"불자들이여, 보살마하살이 몸으로써 구걸하는 이에게 보시하되, 보시할 적에 겸하하는 마음을 내고, 땅과

같은 마음을 내고, 여러 가지 고통을 참으면서도 변동하지 않는 마음을 내느니라."

49번째는 몸을 버려 겸하謙下하는 보시로 회향하는 내용이다. 처음 발심 출가하여 수행자가 되려고 사찰에 들어가면 행자실에서 생활하게 된다. 그 행자실에서 맨 먼저 만나게 되는 가르침이 하심下心이다. 이 하심이라는 글귀는 행자실에 반드시 걸려 있기 때문이다. 겸손하고 하심하고 사양하는 마음은 대중 생활에 있어서 제일가는 덕목이며 큰 보시가 된다. "땅과 같은 마음"을 낸다고 하였는데, 땅은 가장 낮은 곳에 위치하며 모든 것을 다 받아들인다. 건물이나 사람이나 자동차나 열차나 비행기나 모두 땅을 의지하여 서고 운행한다. 그러나 땅은 묵묵히 말이 없다. 겸하하는 마음이란 그와 같아야 한다. 또 겸하하는 마음은 고통을 참으면서도 아무런 변동이 없는 마음이다.

생급시중생불피염심 생어제중생 유여
生給侍衆生不疲厭心하며 **生於諸衆生**에 **猶如**

자모 소유중선 실회여심
慈母하야 所有衆善을 悉迴與心하며

"중생들을 시중들되 고달파하거나 싫어하는 마음을 내지 않고, 모든 중생들에게 자애로운 어머니와 같이 하여 가진 선근을 모두 돌려주려는 마음을 내느니라."

또 겸손하고 하심하고 사양하는 마음은 위와 같이 아름다운 마음이다. 보시 중에서 가장 아름다운 보시이며 돈이 들지 않고도 큰 복을 짓는 보시이다.

생어제우험극악중생 종종침능 개관유심
生於諸愚險極惡衆生의 種種侵陵에 皆寬宥心

안주선근 정근급사
하야 安住善根하야 精勤給事니라

"어리석고 험상스럽고 지극히 악한 중생이 갖가지로 침노하여도 모두 너그러이 용서하는 마음을 내어 선근에 머물러 있으면서 부지런히 받들어 섬기느니라."

또 겸손하고 하심하고 사양하는 마음은 설사 어리석고 험상스럽고 지극히 악한 중생이 갖가지로 침노하여도 모두 너그러이 용서한다. 이 얼마나 큰 공덕이 되는 보시인가.

보살 이시 실이선근 여시회향
菩薩이 爾時에 悉以善根으로 如是廻向하나니

"보살이 그때에 여러 선근으로 이와 같이 회향하느니라."

소위원일체중생 수기소수 상무궐핍
所謂願一切衆生이 隨其所須하야 常無闕乏하며
수보살행 항불간단 불사일체보살의리
修菩薩行하야 恒不間斷하며 不捨一切菩薩義利하며
선주보살소행지도 요달보살평등법성 득
善住菩薩所行之道하며 了達菩薩平等法性하며 得
재여래종족지수
在如來種族之數하야

"이른바 '원컨대 일체 중생이 그 요구하는 것에 항상

부족함이 없고, 보살의 행을 닦는 일이 항상 끊이지 않으며, 모든 보살의 의롭고 선량하고 이로움을 버리지 않고, 보살의 행하는 도道에 잘 머물며, 보살의 평등한 법의 성품을 깨달아 알고, 여래의 종족 가운데 있게 되어지이다.' 라고 하느니라."

겸손하고 하심하고 사양하는 마음의 보시로 일체 중생이 궁극에는 여래의 종족 가운데 있게 되기를 회향한다.

주진실어 지보살행 영제세간 득정
住眞實語하며 **持菩薩行**하야 **令諸世間**으로 **得淨**

불법 심심신해 증법구경 영제중생
佛法하며 **深心信解**하야 **證法究竟**하며 **令諸衆生**으로

출생청정증상선근 주대공덕 구일체지
出生淸淨增上善根하며 **住大功德**하야 **具一切智**하며

"진실한 말을 하면서 보살의 행을 가지고, 모든 세간 사람으로 하여금 청정한 불법을 얻어 깊은 마음으로 믿고 이해하여 법을 끝까지 증득하며, 모든 중생들로 하여금 청정하고 증장하는 선근을 내게 하며, 큰 공덕에 머

물러서 일체 지혜를 갖추게 하여지이다.' 라고 하느니라."

겸손하고 하심하고 사양하는 마음의 보시로 일체 중생이 진실한 말을 하면서 보살의 행을 가지도록 회향하며, 모든 세간 사람으로 하여금 청정한 불법을 얻도록 회향한다.

우이차선근　영일체중생　상득공양일
又以此善根으로 **令一切衆生**으로 **常得供養一**

체제불　해일체법　수지독송　불망불실
切諸佛하고 **解一切法**하야 **受持讀誦**하야 **不忘不失**

불괴불산　심선조복　부조영조　이적
하고 **不壞不散**하야 **心善調伏**하야 **不調令調**하야 **以寂**

정법　이조습지　영피중생　어제불소
靜法으로 **而調習之**하야 **令彼衆生**으로 **於諸佛所**에

주여시사
住如是事하며

"또 이 선근으로써 일체 중생들로 하여금 일체 모든 부처님께 항상 공양하면서 온갖 부처님의 법을 이해하고 받아 지니고, 읽고 외우며, 잊지 않고 잃지도 않고,

망가뜨리지도 않고 흩어버리지도 않으며, 마음이 잘 조복되어 조복하지 못한 이를 조복하게 하며, 고요한 법으로 조화롭게 익혀서 그 중생들로 하여금 모든 부처님 계신 데서 이와 같이 머물게 하느니라."

겸손하고 하심하고 사양하는 마음의 보시로 회향하는 여러 가지를 밝혔다. 사람과 사람의 관계에서 겸손하고 하심하고 사양하는 마음의 보시보다 더 아름다운 보시는 없기 때문이다.

우이차선근 영일체중생 작제일탑
又以此善根으로 **令一切衆生**으로 **作第一塔**하야

응수세간종종공양
應受世間種種供養하며

"또 이 선근으로써 일체 중생으로 하여금 제일의 탑을 만들어 세간의 갖가지 공양을 받게 하느니라."

겸손하고 하심하고 사양하는 마음의 보시는 제일의 탑

이 되어 세상 사람들에게 가지가지 공양을 받게 된다. 반대로 똑똑한 체하고 잘난 체하는 사람에게는 그 누구도 공양하지 않는다.

영일체중생　　성최상복전　　득불지혜
令一切衆生으로 **成最上福田**하야 **得佛智慧**하야

개오일체
開悟一切하며

"일체 중생으로 하여금 가장 높은 복전을 이루고 부처님의 지혜를 얻어 여러 사람을 깨닫게 하느니라."

영일체중생　　작최상수자　　보능요익일
令一切衆生으로 **作最上受者**하야 **普能饒益一**

체중생
切衆生하며

"일체 중생으로 하여금 가장 숭앙받는 이가 되어 모든 중생을 두루 이익하게 하느니라."

영일체중생 성최상복리 능사구족일
令一切衆生으로 成最上福利하야 能使具足一

체선근
切善根하며

"일체 중생으로 하여금 모두 다 가장 높은 복덕을 이루어 일체 선근을 구족하게 하느니라."

영일체중생 성제일호시처 능사획득
令一切衆生으로 成第一好施處하야 能使獲得

무량복보
無量福報하며

"일체 중생으로 하여금 제일 좋은 보시를 하는 곳이 되어 한량없는 복덕의 과보를 얻게 하느니라."

영일체중생 어삼계중 개득출리
令一切衆生으로 於三界中에 皆得出離하며

"일체 중생으로 하여금 삼계에서 벗어나게 하느니라."

영일체중생　작제일도사　능위세간
令一切衆生으로 作第一導師하야 能爲世間하야

시여실도
示如實道하며

"일체 중생으로 하여금 으뜸가는 길잡이가 되어 세상 사람들에게 실상의 도를 보게 하느니라."

영일체중생　득묘총지　구지일체제불
令一切衆生으로 得妙總持하야 具持一切諸佛

정법
正法하며

"일체 중생으로 하여금 묘한 총지總持를 얻어 일체 모든 부처님의 바른 법을 갖추어 지니게 하느니라."

영일체중생　증득무량제일법계　구족
令一切衆生으로 證得無量第一法界하야 具足

허공무애정도
虛空無礙正道니라

"일체 중생으로 하여금 한량없고 제일가는 법계를 증득하여 허공처럼 장애 없는 바른 도를 구족하게 하느니라."

시위보살마하살 시자기신 선근회향
是爲菩薩摩訶薩의 施自己身하야 善根廻向이니

위령중생 개득응공무량지신고
爲令衆生으로 皆得應供無量智身故니라

"이것이 보살마하살이 자기의 몸을 보시하면서 선근으로 회향하는 것이니라. 중생들로 하여금 공양을 받을 수 있는 무량한 지혜의 몸을 얻게 하려는 연고이니라."

보살이 겸손하고 하심하고 사양하는 마음의 보시로 회향하는 설법을 마쳤다. 중생들로 하여금 공양을 받을 수 있는 무량한 지혜의 몸을 얻게 하려는 까닭이라고 하였다.

50〉 법을 듣고 기뻐하는 보시

불자 보살마하살 문법희열 생정신심
佛子야 菩薩摩訶薩이 聞法喜悅하야 生淨信心

능이기신 공양제불 흔락신해무상법
하야 能以其身으로 供養諸佛하고 欣樂信解無上法

보 어제불소 생부모상
寶하야 於諸佛所에 生父母想하며

"불자들이여, 보살마하살이 법을 듣고 기뻐하여 청정한 신심을 내고, 몸으로써 모든 부처님께 공양하며 위가 없는 법보를 기쁘게 믿고 이해하여, 부처님께 부모라는 생각을 내느니라."

60종의 보시 가운데 50번째는 법을 듣고 기뻐하여 청정한 믿음의 마음을 내는 보시로 회향하는 내용이다. 설법을 듣거나 경전과 어록을 보고 기뻐하여 청정한 믿음을 내는 것은 훌륭한 보시다. 먼저 자신에게 큰 보시가 되며, 다른 사람까지 기쁘게 함으로써 역시 훌륭한 보시가 된다. 나아가서 법을 널리 펴기 위해 이 몸을 다 바친다면 그것은 곧 부처님께 몸으로 보시하는 것이 된다.

독송수지무애도법　보입무수나유타법
讀誦受持無礙道法하야 **普入無數那由他法**과

대지혜보　제선근문　심상억념무량제불
大智慧寶와 **諸善根門**하며 **心常憶念無量諸佛**하야

입불경계　심달의리
入佛境界하야 **深達義理**하며

"걸림이 없는 도道의 가르침을 읽고 외우고 받아 지니며, 수數가 없는 나유타 법과 큰 지혜의 보배인 온갖 선근의 문에 널리 들어가고, 마음으로는 한량없는 부처님을 항상 생각하여 부처님의 경계에 들어가서 이치를 깊이 통달하느니라."

경전이나 어록을 공부하여 법의 기쁨을 누린다면 곧 부처님과 조사의 경계와 하나가 되는 것이다. 그래서 "부처님의 경계에 들어가서 이치를 깊이 통달한다."고 하였다.

능이여래미밀범음　흥불법운　우불법
能以如來微密梵音으로 **興佛法雲**하고 **雨佛法**

우　용맹자재　능분별설일체지인제일지
雨하야 勇猛自在하야 能分別說一切智人第一之

지　구족성취살바야승　이무량백천억나
地하며 具足成就薩婆若乘하야 以無量百千億那

유타대법　성만제근
由他大法으로 成滿諸根하나니

"능히 여래의 치밀하고 자세한[微密] 음성으로 불법의 구름을 일으키고 불법의 비를 내리며, 용맹하고 자재하게 일체 지혜를 가진 사람의 제일가는 지위를 분별하여 설하며, 일체 지혜의 법[薩婆若乘]을 구족히 성취하며, 한량없는 백천억 나유타의 큰 법으로 모든 근根을 만족케 하느니라."

법을 듣고 기뻐하는 일은 크나큰 보시로서 불법의 구름을 일으키고 불법의 비를 내리어 만 중생을 진리로 적신다. 그러려면 먼저 자신이 불법에 심취하고 나아가서 저절로 다른 이를 심취하게 하는 것이다. 스스로 불법을 공부하는 일이 큰 보시가 된다니 얼마나 신기한 이치인가. 달리 무슨 보시를 생각할 것인가.

불자 보살마하살 어제불소 문여시법
佛子야 **菩薩摩訶薩**이 **於諸佛所**에 **聞如是法**하고

환희무량 안주정법 자단의혹 역령타
歡喜無量하야 **安住正法**하야 **自斷疑惑**하고 **亦令他**

단
斷하며

"불자들이여, 보살마하살이 부처님이 계신 데서 이와 같은 법을 듣고 한량없이 환희하며, 바른 법에 편안히 머물면서 자기의 의혹을 끊고 또한 다른 사람의 의혹도 끊게 하느니라."

인생을 사노라면 세상사에 대한 이런저런 의혹이 많이 생기게 마련이다. 세상에는 온갖 주의와 주장들이 많아서 혼란스럽다. 제법의 실상과 일체 존재의 진실한 모습을 명확하게 깨닫고 바르게 가르친 정법을 알아 정법에 편안히 머물면 일체 의혹이 있을 수 없다. 스스로의 문제도 해결하고 다른 이의 문제도 해결하게 된다. 법을 듣고 기뻐하는 일은 크나큰 보시가 되어 이와 같은 결과가 있게 된다.

심항이창 공덕성만 선근구족 의항
心恒怡暢하야 功德成滿하며 善根具足하야 意恒

상속 이익중생
相續하며 利益衆生하야

"마음이 항상 화창하여 공덕이 원만하고 선근을 구족하며 뜻이 항상 계속하여 중생을 이익하게 하느니라."

법을 듣고 기뻐하는 일은 마음이 항상 화창하여 공덕이 원만하고 선근을 구족하게 된다.

심상불궤 획최승지 성금강장 친근
心常不匱하며 獲最勝智하야 成金剛藏하며 親近

제불 정제불찰 상근공양일체여래
諸佛하야 淨諸佛刹하야 常勤供養一切如來니라

"마음이 항상 다하지 아니하여 가장 수승한 지혜를 얻어 금강의 장藏을 이루며, 모든 부처님을 친근하고 모든 부처님 세계를 청정히 하여 일체 여래에게 항상 부지런히 공양하느니라."

또 법을 듣고 기뻐하는 일은 마음이 항상 다하지 아니하여 가장 수승한 지혜를 얻는 등의 결과가 있게 된다.

보살 이시 이제선근 여시회향
菩薩이 爾時에 以諸善根으로 如是迴向하나니

"보살이 그때에 모든 선근으로 이와 같이 회향하느니라."

소위원일체중생 개득원만최승지신 일체제불지소섭수
所謂願一切衆生이 皆得圓滿最勝之身하야 一切諸佛之所攝受며

"이른바 '원컨대 일체 중생이 원만하고 가장 수승한 몸을 얻어서 일체 모든 부처님의 거두어 주심을 입어지이다.' 라고 하느니라."

원일체중생 상근제불 의제불주 항
願一切衆生이 常近諸佛하야 依諸佛住하고 恒

득근앙 미증원리
得覲仰하야 未曾遠離하며

"'원컨대 일체 중생이 항상 모든 부처님을 친근하여 모든 부처님을 의지하여 머무르며, 항상 우러러보고 잠깐도 멀리 떠나지 말아지이다.'라고 하느니라."

원일체중생 개득청정불괴지신 구족일
願一切衆生이 皆得淸淨不壞之身하야 具足一

체공덕지혜
切功德智慧하며

"'원컨대 일체 중생이 모두 청정하고 부서지지 않는 몸을 얻어 모든 공덕과 지혜를 구족하여지이다.'라고 하느니라."

원일체중생 상근공양일체제불 행무소
願一切衆生이 常勤供養一切諸佛하야 行無所

득 구 경 범 행
得究竟梵行하며

"'원컨대 일체 중생이 일체 모든 부처님께 항상 부지런히 공양하며 얻는 것 없는 구경의 범행梵行을 행하여지이다.' 라고 하느니라."

원 일 체 중 생 득 무 아 신 이 아 아 소
願一切衆生이 得無我身하야 離我我所하며

"'원컨대 일체 중생이 '나' 가 없는 몸을 얻어 나와 내 것을 여의어지이다.' 라고 하느니라."

원 일 체 중 생 실 능 분 신 변 시 방 찰 유 여
願一切衆生이 悉能分身하야 徧十方刹호대 猶如

영 현 이 무 내 왕
影現하야 而無來往하며

"'원컨대 일체 중생이 모두 몸을 나누어[分身] 시방세계에 두루 하되, 마치 그림자처럼 나타나 오고 가는 일이 없어지이다.' 라고 하느니라."

원일체중생 득자재신 보왕시방 무아
願一切衆生이 **得自在身**하야 **普往十方**호대 **無我**

무수
無受하며

"'원컨대 일체 중생이 자재한 몸을 얻어 시방에 널리 다니어도 나[我]도 없고 받는 일도 없어지이다.' 라고 하느니라."

원일체중생 종불신생 처재여래무상신
願一切衆生이 **從佛身生**하야 **處在如來無上身**

가
家하며

"'원컨대 일체 중생이 부처님의 몸으로부터 나서 여래의 위없는 몸이신 가문에 있어지이다.' 라고 하느니라."

원일체중생 득법력신 인욕대력 무능
願一切衆生이 **得法力身**하야 **忍辱大力**을 **無能**

괴 자
壞者하며

"'원컨대 일체 중생이 법력法力의 몸을 얻어 인욕의 큰 힘을 깨뜨릴 이가 없어지이다.' 라고 하느니라."

원일체중생 득무비신 성취여래청정법
願一切衆生이 得無比身하야 成就如來淸淨法

신
身하며

"'원컨대 일체 중생이 비할 데 없는 몸을 얻어 여래의 청정한 법신을 이루어지이다.' 라고 하느니라."

원일체중생 성취출세공덕지신 생무소
願一切衆生이 成就出世功德之身하야 生無所

득청정법계
得淸淨法界니라

"'원컨대 일체 중생이 세상을 벗어난 공덕의 몸을 얻어 아무것도 얻을 것 없는 청정한 법계에 나게 하여지이다.' 라고 하느니라."

시위보살마하살 이신공불 선근회향
是爲菩薩摩訶薩의 **以身供佛**하야 **善根廻向**이니

위령중생 영주삼세제불가고
爲令衆生으로 **永住三世諸佛家故**니라

"이것이 보살마하살이 몸으로 부처님께 공양하며 선근으로 회향하는 것이니라. 중생들로 하여금 삼세의 모든 부처님 가문에 영원히 머물게 하려는 연고이니라."

이것이 보살마하살이 법을 듣고 기뻐하여 몸으로 부처님께 공양하며 선근으로 회향하는 것이다. 중생들로 하여금 삼세의 모든 부처님 가문에 영원히 머물게 하려는 것이 목적임을 밝혔다. 중생들이 부처님의 가문에 영원히 머물게 되면 정법의 불교는 영원히 지속된다는 뜻이다.

51〉 몸으로써 일체 중생에게 널리 보시하다

불자　보살마하살　이신보시일체중생
佛子야 **菩薩摩訶薩**이 **以身布施一切衆生**하야

위욕보령성취선근　억념선근
爲欲普令成就善根하며 **憶念善根**하나니

"불자들이여, 보살마하살이 몸으로 일체 중생에게 보시하여 널리 그들로 하여금 선근善根을 성취하게 하고 선근을 생각하게 하고자 하느니라."

60종의 보시 가운데 51번째, 몸으로써 일체 중생에게 널리 보시하여 회향하는 내용을 밝혔다. 이와 같은 보시로 일체 중생에게 선근을 성취하게 하고 선근을 생각하게 한다.

보살마하살　자원기신　위대명등　보능
菩薩摩訶薩이 **自願其身**이 **爲大明燈**하야 **普能**

조요일체중생
照耀一切衆生하며

"보살마하살이 스스로 원하기를,

'이 몸이 큰 등불이 되어 일체 중생에게 널리 비추어

지이다.'

보살이 몸으로 일체 중생에게 널리 보시할 때 스스로 원하는 바를 열거하였다. 이 몸이 큰 등불이 되어 일체 중생에게 널리 비춘다는 것은 세상에 본보기가 되고 모범이 되어 사람들을 인도하고 가르친다는 뜻이다. 보살이 몸으로써 보시할 때 이와 같은 발원을 하는 것이다. 단순히 몸만을 보시하는 것이 아니다.

위중낙구 보능섭수일체중생
爲衆樂具하야 **普能攝受一切衆生**하며

'여러 가지 오락 기구가 되어 일체 중생을 널리 섭수하여지이다.'

위묘법장 보능임지일체중생
爲妙法藏하야 **普能任持一切衆生**하며

'미묘한 법장法藏이 되어 일체 중생을 널리 맡아서 지

니어[任持]지이다.'

위정광명　　보능개효일체중생
爲淨光明하야 **普能開曉一切衆生**하며

'찬란한 광명이 되어 일체 중생을 널리 깨우쳐지이다.'

위세광영　　보령중생　　상득도견
爲世光影하야 **普令衆生**으로 **常得覩見**하며

'세상의 빛이 되어 널리 중생들로 하여금 항상 보게 하여지이다.'

위선근인연　　보령중생　　상득치우
爲善根因緣하야 **普令衆生**으로 **常得値遇**하며

'선근의 인연이 되어 중생들로 하여금 항상 만나게 하여지이다.'

위진선지식 영일체중생 실몽교유
爲眞善知識하야 令一切衆生으로 悉蒙敎誘하며

'참다운 선지식이 되어 일체 중생들로 하여금 모두 가르침을 받게 하여지이다.'

위평탄도 영일체중생 개득이천
爲平坦道하야 令一切衆生으로 皆得履踐하며

'평탄한 길이 되어 일체 중생들로 하여금 모두 밟고 지나가게 하여지이다.'

위무유상구족안락 영일체중생 이고 청정
爲無有上具足安樂하야 令一切衆生으로 離苦清淨하며

'위없는 안락을 구족하여 일체 중생들로 하여금 고통을 여의고 청정하게 하여지이다.'

위명정일 보작세간평등이익
爲明淨日하야 **普作世間平等利益**이니라

'밝은 태양이 되어 널리 세간에서 평등한 이익을 지어지이다.' 라고 하느니라."

보살이 몸을 보시할 때에 그 몸이 오락 기구가 되고, 미묘한 법장이 되고, 찬란한 광명이 되고, 빛이 되고, 선근 인연이 되고, 참다운 선지식이 되고, 평탄한 길이 되고, 안락을 구족하게 하고, 밝은 태양이 되기를 발원하는 것이다. 그리고 다음은 그와 같은 선근이 온갖 불법으로 회향되기를 원하는 내용이다.

보살 이시 이제선근 여시회향
菩薩이 **爾時**에 **以諸善根**으로 **如是迴向**하나니

"보살이 그때에 모든 선근으로 이와 같이 회향하느니라."

소위원일체중생 상친근불 입불지지
所謂願一切衆生이 常親近佛하야 入佛智地하며

"이른바 '원컨대 일체 중생이 항상 부처님을 친근하여 부처님 지혜의 경지에 들어가지이다.' 라고 하느니라."

원일체중생 득수순지 주무상각
願一切衆生이 得隨順智하야 住無上覺하며

"'원컨대 일체 중생이 따라 순종하는 지혜를 얻어 위없는 각覺에 머물러지이다.' 라고 하느니라."

원일체중생 상처불회 의선조복
願一切衆生이 常處佛會하야 意善調伏하며

"'원컨대 일체 중생이 항상 부처님의 회상會上에 있어 뜻이 잘 조복하여지이다.' 라고 하느니라."

원일체중생 소행유칙 구불위의
願一切衆生이 所行有則하야 具佛威儀하며

"'원컨대 일체 중생이 행동하는 것에 규칙이 있어 부처님의 위의威儀를 갖추어지이다.' 라고 하느니라."

원일체중생 실득열반 심해법의
願一切衆生이 **悉得涅槃**하야 **深解法義**하며

"'원컨대 일체 중생이 모두 열반을 얻어 법의 이치를 깊이 알아지이다.' 라고 하느니라."

원일체중생 구지족행 생여래가
願一切衆生이 **具知足行**하야 **生如來家**하며

"'원컨대 일체 중생이 만족함을 아는 행行을 갖추어 여래의 가문에 태어나지이다.' 라고 하느니라."

원일체중생 사무명욕 주불지락
願一切衆生이 **捨無明欲**하고 **住佛志樂**하며

"'원컨대 일체 중생이 무명의 탐욕을 버리고 부처님

의 뜻에 머물러지이다.' 라고 하느니라."

원일체중생 생승선근 좌보리수
願一切衆生이 **生勝善根**하야 **坐菩提樹**하며

"'원컨대 일체 중생이 훌륭한 선근을 내어 보리수에 앉아지이다.' 라고 하느니라."

원일체중생 살번뇌적 이원해심
願一切衆生이 **殺煩惱賊**하고 **離怨害心**하며

"'원컨대 일체 중생이 번뇌의 도적을 죽이고 해롭게 하려는 마음을 여의어지이다.' 라고 하느니라."

원일체중생 구족호지일체불법
願一切衆生이 **具足護持一切佛法**이니라

"'원컨대 일체 중생이 모든 불법을 구족하게 수호하여지이다.' 라고 하느니라."

시위보살마하살　이신보시일체중생　선
是爲菩薩摩訶薩의 以身布施一切衆生하야 善

근회향　위욕이익일체중생　영득무상안
根廻向이니 爲欲利益一切衆生하야 令得無上安

은처고
隱處故니라

"이것이 보살마하살이 몸으로 일체 중생에게 보시하면서 선근으로 회향하는 것이니라. 일체 중생들로 하여금 가장 높은 편안한 처소를 얻게 하려는 연고이니라."

51번째, 몸으로써 일체 중생에게 널리 보시하여 회향하는 법을 설하여 마쳤다. 그 까닭은 일체 중생들로 하여금 가장 높은 편안한 처소를 얻게 하려는 것이라고 하였다.

52〉 몸으로써 모든 부처님을 시봉하는 보시

불자　보살마하살　자이기신　급시제불
佛子야 菩薩摩訶薩이 自以其身으로 給侍諸佛

어제불소　염보중은　여부모상　어제
하야 於諸佛所에 念報重恩호대 如父母想하며 於諸

여래　기심신락　이청정심　호불보리
如來에 起深信樂하야 以清淨心으로 護佛菩提하며

"불자들이여, 보살마하살이 스스로 그 몸으로써 모든 부처님께 시봉하며, 모든 부처님의 소중한 은혜를 갚되 부모와 같이 생각하며, 모든 여래에게 깊은 믿음과 좋아함을 일으켜 청정한 마음으로 부처님의 보리를 수호하느니라."

60종의 보시 가운데 52번째는 몸으로써 모든 부처님을 시봉하는 보시로 회향하는 내용이다. 부처님의 은혜를 부모의 은혜와 같이 생각하여 시봉으로 갚아야 한다.

주제불법　이세간상　생여래가　수순
住諸佛法하야 離世間想하고 生如來家하며 隨順

제불　이마경계　요달일체제불소행　성
諸佛하야 離魔境界하며 了達一切諸佛所行하야 成

취일체제불법기
就一切諸佛法器니라

"모든 부처님의 법에 머물며, 세간의 생각을 여의고 여래의 가문에 태어나며, 모든 부처님을 순종하고 마군의 경계를 떠나며, 일체 모든 부처님의 행하던 것을 알아서 일체 모든 부처님의 법의 그릇[法器]을 성취하느니라."

몸으로써 부처님을 시봉하여 세간의 생각을 여의고 여래의 가문에 태어나 영원히 참다운 부처님의 자제가 되는 것이다. 이와 같이 하는 것이 부처님을 시봉하는 것이다.

보살 이시 이차선근 여시회향
菩薩이 **爾時**에 **以此善根**으로 **如是廻向**하나니

"보살이 그때에 이 선근으로 이와 같이 회향하느니라."

소위원일체중생 득청정심 일체지보
所謂願一切衆生이 **得淸淨心**하야 **一切智寶**로

이자장엄
而自莊嚴하며

"이른바 '원컨대 일체 중생이 청정한 마음을 얻어 온갖 지혜의 보배로 장엄하여지이다.' 라고 하느니라."

원일체중생 주선조복 원리일체제불선업
願一切衆生이 **住善調伏**하야 **遠離一切諸不善業**하며

"'원컨대 일체 중생이 잘 조복한 데 머물러 일체 모든 선善하지 않은 업을 멀리 떠나지이다.' 라고 하느니라."

원일체중생 득불가괴견고권속 보능섭수제불정법
願一切衆生이 **得不可壞堅固眷屬**하야 **普能攝受諸佛正法**하며

"'원컨대 일체 중생이 깨뜨릴 수 없는 견고한 권속을 얻어 모든 부처님의 바른 법을 두루 거두어지이다.' 라고 하느니라."

원일체중생 위불제자 도어보살관정지
願一切衆生이 爲佛弟子하야 到於菩薩灌頂之

지
地하며

"'원컨대 일체 중생이 부처님의 제자가 되어 보살의 관정灌頂하는 지위에 이르러지이다.' 라고 하느니라."

원일체중생 상위제불지소섭수 영리일
願一切衆生이 常爲諸佛之所攝受하야 永離一

체불선지법
切不善之法하며

"'원컨대 일체 중생이 항상 모든 부처님의 거두어 주심을 받들어 온갖 선하지 않은 법을 여의어지이다.' 라고 하느니라."

원일체중생 수순제불 수행보살최승지
願一切衆生이 隨順諸佛하야 修行菩薩最勝之

법
法하며

"'원컨대 일체 중생이 모든 부처님을 순종하여 보살의 가장 수승한 법을 수행하여지이다.' 라고 하느니라."

원일체중생 입불경계 실개득수일체지
願一切衆生이 入佛境界하야 悉皆得授一切智

기
記하며

"'원컨대 일체 중생이 부처님의 경계에 들어가 일체 지혜를 얻으리라는 수기를 받아지이다.' 라고 하느니라."

원일체중생 여제여래 개실평등 일체
願一切衆生이 與諸如來로 皆悉平等하야 一切

불법 무부자재
佛法에 無不自在하며

"'원컨대 일체 중생이 모든 여래와 다 같이 평등하여 온갖 불법에 자재하지 못함이 없어지이다.' 라고 하느니라."

원일체중생 실위제불지소섭수 상능수
願一切衆生이 **悉爲諸佛之所攝受**하야 **常能修**

행무취착업
行無取着業하며

"'원컨대 일체 중생이 모든 부처님의 포섭하심을 받아 집착이 없는 업業을 항상 수행하여지이다.' 라고 하느니라."

원일체중생 상위제불제일시자 일체불
願一切衆生이 **常爲諸佛第一侍者**하야 **一切佛**

소 수지혜행
所에 **修智慧行**이니라

"'원컨대 일체 중생이 모든 부처님의 제일가는 시자侍者가 되어 일체 부처님에게서 지혜의 행行을 닦아지이다.' 라고 하느니라."

시위보살마하살 급시제불 선근회향
是爲菩薩摩訶薩의 給侍諸佛하야 善根廻向이니

"이것이 보살마하살이 모든 부처님을 모시는 선근으로 회향하는 것이니라."

위욕증득제불보리 위욕구호일체중생
爲欲證得諸佛菩提하며 爲欲救護一切衆生하며

위욕출리일체삼계
爲欲出離一切三界하며

"모든 부처님의 보리를 증득하기 위함이며, 일체 중생을 구호하기 위함이며, 모든 삼계에서 벗어나기 위함이니라."

위욕성취무손뇌심 위득무량광대보리
爲欲成就無損惱心하며 爲得無量廣大菩提하며

위욕성취조불법지 위욕상몽제불섭수
爲欲成就照佛法智하며 爲欲常蒙諸佛攝受하며

"손해됨이 없는 마음을 성취하기 위함이며, 한량없이

광대한 보리를 얻기 위함이며, 불법佛法을 비추어 보는 지혜를 성취하기 위함이며, 모든 부처님의 거두어 주심을 받들기 위함이니라."

위득제불지소호지　　위욕신해일체불법
爲得諸佛之所護持하며 **爲欲信解一切佛法**하며
위욕성취여삼세불평등선근　　위욕원만무회
爲欲成就與三世佛平等善根하며 **爲欲圓滿無悔**
한심　　증득일체제불법고
恨心하야 **證得一切諸佛法故**니라

"모든 부처님의 보호하심을 받기 위함이며, 모든 불법을 믿고 이해하기 위함이며, 삼세 부처님과 평등한 선근을 성취하기 위함이며, 뉘우침이 없는 마음을 원만히 하기 위함이며, 일체 모든 부처님의 법을 증득하기 위한 연고이니라."

몸으로써 모든 부처님을 시봉하여 보시하는 회향을 설하여 마쳤다. 이 보시에는 부처님의 보리를 증득하기 위함이며 일체 중생을 구호하기 위함이며 모든 삼계에서 벗어나기 위함 등 여러 가지 목적을 함께 설하였다.

53〉 국토와 왕위를 보시하다

불자 보살마하살 보시국토일체제물
佛子야 **菩薩摩訶薩**이 **布施國土一切諸物**호대

내지왕위 실역능사 어제세사 심득자
乃至王位라도 **悉亦能捨**하고 **於諸世事**에 **心得自**

재 무계무박 무소연착 원리악업 요
在하야 **無繫無縛**하며 **無所戀着**하며 **遠離惡業**하야 **饒**

익중생
益衆生하며

"불자들이여, 보살마하살이 국토와 일체 모든 물건들을 보시하며, 내지 왕의 지위도 모두 버리며, 모든 세상일에 마음이 자재하여 얽힘도 없고 속박도 없고 그리워 애착함도 없으며, 나쁜 업業을 멀리 여의고 중생을 이익하게 하느니라."

53번째, 국토와 왕위와 일체 물건을 보시하여 회향하는

내용을 밝혔다. 국토와 왕위를 보시할 수 있으면 모든 세상사에서 해탈한다. 다시 무엇에 얽매이겠는가. 무엇에 집착하겠는가. 모든 악업을 멀리 여의고 일체 중생을 이익하게 할 수 있을 것이다.

불착업과 불락세법 불부탐염제유생
不着業果하며 **不樂世法**하며 **不復貪染諸有生**

처 수주세간 비차처생 심불집착온계
處하야 **雖住世間**이나 **非此處生**이며 **心不執着蘊界**

처법 어내외법 심무의주
處法하야 **於內外法**에 **心無依住**하며

"업과 과보에 집착하지 않고, 세상 법을 좋아하지 않으며, 모든 곳에 태어나는 것을 탐하지 않으며, 비록 세간世間에 있으나 여기에 나는 것이 아니며, 마음이 오온五蘊과 십팔계十八界와 십이처十二處에 집착하지 않으며, 안의 법이나 밖의 법에 의지하지 아니하느니라."

오온五蘊과 십팔계十八界와 십이처十二處란 모든 사람의 삶의 영역이다. 안근眼根을 예로 든다면 눈으로 사물을 보고 그 보는 일에서 마음의 작용이 있게 되어 삶이 영위된다. 낱낱 근이 이와 같이 하여 열여덟 가지 세계[十八界]라는 작용의 영역이 이루어진 것이다. 이 모든 삶에 집착하지 않는다. 왕위와 일체 국토까지 다 버렸는데 다시 무슨 삶에 집착이 있겠는가.

상불망실제보살행　　미증원리제선지식
常不忘失諸菩薩行하며 **未曾遠離諸善知識**하며

지제보살광대행원　　상락승사일체선우
持諸菩薩廣大行願하야 **常樂承事一切善友**니라

"항상 모든 보살의 행을 잊지 아니하고, 모든 선지식을 멀리 여의지 아니하며, 모든 보살의 광대한 행과 원願을 가지고 일체 훌륭한 벗들을 항상 섬기기를 좋아하느니라."

왕위와 국토와 일체 물건을 다 버려 보시하는 보살에게 세속적인 관심은 이미 없어졌다. 오로지 모든 보살의 행을 잊지 아니하고, 모든 선지식을 가까이하며, 모든 보살의 광대한 행과 원을 가지고 일체 훌륭한 벗들을 항상 섬기기를 좋아할 뿐이다. 그 삶이 얼마나 청정한가가 그려지는 모습이다.

보살 이시 이차선근 여시회향
菩薩이 爾時에 以此善根으로 如是廻向하나니

"보살이 그때에 이 선근으로 이와 같이 회향하느니라."

소위원일체중생 위대법왕 어법자재
所謂願一切衆生이 爲大法王하야 於法自在하야
도어피안
到於彼岸하며

"이른바 '원컨대 일체 중생이 큰 법왕이 되어 법에 자재하여 저 언덕에 이르러지이다.' 라고 하느니라."

왕위와 국토와 일체 물건을 다 버려 보시한 보살이라면

자신은 이미 큰 법왕이 되었다. 그래서 다시 일체 중생이 모두 법왕이 되어 법에 자재하여 저 언덕에 이르기를 원하는 것이다. 이와 같이 발원하는 것이 회향이다.

원일체중생 성불법왕 최멸일체번뇌원적
願一切衆生이 **成佛法王**하야 **摧滅一切煩惱怨賊**하며

"'원컨대 일체 중생이 불법佛法의 왕이 되어 일체 번뇌의 원수를 꺾어 소멸하여지이다.' 라고 하느니라."

원일체중생 주불왕위 득여래지 개연불법
願一切衆生이 **住佛王位**하야 **得如來智**하야 **開演佛法**하며

"'원컨대 일체 중생이 부처님의 지위에 있으면서 여래의 지혜를 얻어 부처님 법을 연설하여지이다.' 라고

하느니라."

원일체중생 주불경계 능전무상자재법
願一切衆生이 **住佛境界**하야 **能轉無上自在法**

륜
輪하며

"'원컨대 일체 중생이 부처님의 경계에 있어 위없이 자재한 법의 수레를 운전하여지이다.' 라고 하느니라."

원일체중생 생여래가 어법자재 호
願一切衆生이 **生如來家**하야 **於法自在**하야 **護**

지불종 영사부절
持佛種하야 **永使不絶**하며

"'원컨대 일체 중생이 여래의 가문에 태어나 법에 자재하며 부처님의 종성을 보호하여 영원히 끊어지지 않게 하여지이다.' 라고 하느니라."

원일체중생 개시무량법왕정법 성취무
願一切衆生이 **開示無量法王正法**하야 **成就無**
변제대보살
邊諸大菩薩하며

"'원컨대 일체 중생이 무량한 법왕의 바른 법을 열어 보여 그지없는 모든 대보살을 성취하여지이다.' 라고 하느니라."

원일체중생 주정법계 위대법왕 현불
願一切衆生이 **住淨法界**하야 **爲大法王**하야 **現佛**
출흥 상계부단
出興하야 **相繼不斷**하며

"'원컨대 일체 중생이 청정한 법계에 머물러 큰 법왕이 되어 부처님이 출현하심을 나타내어 끊어지지 않게 하여지이다.' 라고 하느니라."

원일체중생 어제세계 작지혜왕 화도
願一切衆生이 **於諸世界**에 **作智慧王**하야 **化導**

군생　　무시잠사
群生하야 無時暫捨하며

"'원컨대 일체 중생이 모든 세계에서 지혜의 왕이 되어 중생들을 교화하며 잠깐이라도 버리지 말아지이다.' 라고 하느니라."

원일체중생　보위법계허공계등제세계중일
願一切衆生이 普爲法界虛空界等諸世界中一

체중생　　작법시주　　사기함득주어대승
切衆生하야 作法施主하야 使其咸得住於大乘하며

"'원컨대 일체 중생이 법계와 허공계의 모든 세계에서 일체 중생에게 법을 보시하는 시주가 되어 그들로 하여금 모두 대승大乘에 머물게 하여지이다.' 라고 하느니라."

원일체중생　득성구족중선지왕　　여삼세
願一切衆生이 得成具足衆善之王하야 與三世

불 선근제등
佛로 善根齊等이니라

"'원컨대 일체 중생이 모든 선업善業을 구족한 왕이 되어 삼세三世 부처님과 선근이 평등하여지이다.' 라고 하느니라."

시위보살마하살 보시왕위 선근회향
是爲菩薩摩訶薩의 布施王位하는 善根廻向이니

위욕령피일체중생 구경주어안은처고
爲欲令彼一切衆生으로 究竟住於安隱處故니라

"이것이 보살마하살이 왕의 지위를 보시하는 선근으로 회향하는 것이니라. 일체 중생으로 하여금 구경까지 편안한 곳에 머물게 하려는 연고이니라."

국토와 왕위와 일체 물건을 다 버려 보시하여 회향하는 설법을 마쳤다. 일체 중생으로 하여금 구경까지 편안한 곳에 머물게 하려고 이와 같이 회향하였다.

54〉 나라의 수도首都를 보시하다

불자 보살마하살 견유인래 걸왕경도
佛子야 **菩薩摩訶薩**이 **見有人來**하야 **乞王京都**

엄려대성 급이관방 소유수세 진개시여
嚴麗大城과 **及以關防**의 **所有輸稅**어든 **盡皆施與**

심무린석
호대 **心無悋惜**하고

"불자들이여, 보살마하살이 어떤 사람이 와서 수도首都와 화려하고 큰 성城과 관문에서 받는 세금을 달라는 이를 보면, 모두 주어도 마음에 아낌이 없느니라."

54번째는 나라의 수도首都와 화려하고 큰 성과 관문에서 받는 세금을 모두 보시하여 회향하는 내용이다. 이와 같은 모든 것을 다 주어도 조금도 아까워하는 마음이 없다.

전향보리 발대서원 주어대자 행어
專向菩提하야 **發大誓願**하며 **住於大慈**하고 **行於**

대비 지의환열 이익중생 이광대지
大悲하야 **志意歡悅**하야 **利益衆生**하며 **以廣大智**로

해 료 심 법　　안 주 제 불 평 등 법 성
解了深法하야 安住諸佛平等法性하며

"오로지 보리菩提를 향하여 큰 서원을 내며, 크게 인자한 데 있으면서 크게 어여삐 여김을 행하며, 마음이 기쁘고 즐거워 중생을 이익하게 하며, 광대한 지혜로 깊은 법을 분명히 알고, 부처님의 평등한 법의 성품에 머무느니라."

오로지 보리심을 향하고, 불심을 향하고, 지혜와 자비를 향해서다. 마음은 오히려 기쁘고 즐겁다. 그래서 부처님의 평등한 법의 성품에 머문다.

발 심 위 구 일 체 지 고　어 자 재 법　기 심 락 고
發心爲求一切智故며 於自在法에 起深樂故며
어 자 재 지　구 증 득 고　정 수 일 체 제 공 덕 고　주
於自在智에 求證得故며 淨修一切諸功德故며 住
어 견 고 광 대 지 고　광 집 일 체 제 선 근 고
於堅固廣大智故며 廣集一切諸善根故며

"발심하여 일체 지혜를 구하려는 연고며, 자재한 법에 깊이 좋아함을 일으킨 연고며, 자재한 지혜를 증득하기를 구하는 연고며, 일체 모든 공덕을 청정하게 닦는 연고며, 견고하고 광대한 지혜에 머무는 연고며, 일체 모든 선근을 널리 모으는 연고이니라."

수행일체불법원고 자연각오대지법고
修行一切佛法願故며 **自然覺悟大智法故**며

안주보리 심무퇴고 수습일체보살행원
安住菩提하야 **心無退故**며 **修習一切菩薩行願**하야

일체종지 진구경고 이행보시 이차선근
一切種智를 **盡究竟故**로 **而行布施**하고 **以此善根**

여시회향
으로 **如是廻向**하나니

"일체 부처님 법을 수행하기를 원하는 연고며, 큰 지혜의 법을 자연히 깨달으려는 연고며, 보리에 머물러 마음이 퇴전하지 않으려는 연고며, 일체 보살의 행行과 원願을 닦아서 일체 종지를 끝까지 얻으려는 연고로 보시를 행하느니라. 이런 선근으로 이와 같이 회향하느니라."

나라의 수도首都와 화려하고 큰 성과 관문에서 받는 세금을 모두 보시하여 회향하는 까닭을 열 가지로 밝혔다. 이와 같은 선근으로 다시 또 열 가지 원을 세워 회향한다.

소위원일체중생 실능엄정무량찰토 봉
所謂願一切衆生이 **悉能嚴淨無量刹土**하야 **奉**
시제불 이위주처
施諸佛하야 **以爲住處**하며

"이른바 '원컨대 일체 중생이 무량한 국토를 모두 장엄하여 모든 부처님께 받들어 계실 곳을 삼아지이다.' 라고 하느니라."

원일체중생 상락거지아란야처 적정부
願一切衆生이 **常樂居止阿蘭若處**하야 **寂靜不**
동
動하며

"'원컨대 일체 중생이 시끄럽지 않은 조용한 곳에 있기를 항상 즐겨하여 고요하여 요동하지 말아지이다.' 라고 하느니라."

원일체중생 영불의지왕도취락 심락적
願一切衆生이 永不依止王都聚落하고 心樂寂

정 영득구경
靜하야 永得究竟하며

"'원컨대 일체 중생이 길이 수도首都나 촌락을 의지하지 말고 마음에 고요한 데를 좋아하여 구경처究竟處를 길이 얻어지이다.' 라고 하느니라."

원일체중생 영불락착일체세간 어세어
願一切衆生이 永不樂着一切世間하야 於世語

언 상락원리
言에 常樂遠離하며

"'원컨대 일체 중생이 모든 세간을 길이 좋아하지 말고 세간 이야기를 멀리 여의기를 항상 좋아하여지이다.' 라고 하느니라."

원일체중생 득이탐심 시제소유 심무
願一切衆生이 得離貪心하야 施諸所有호대 心無

중회
中悔하며

"'원컨대 일체 중생이 탐욕을 떠나서 모든 가진 것을 보시하되 중간에 후회하지 말아지이다.' 라고 하느니라."

원일체중생 득출리심 사제가업
願一切衆生이 得出離心하야 捨諸家業하며

"'원컨대 일체 중생이 벗어나는 마음을 얻고 모든 집안의 사업을 버려지이다.' 라고 하느니라."

원일체중생 득무린심 상행혜시
願一切衆生이 得無悋心하야 常行惠施하며

"'원컨대 일체 중생이 아끼는 마음이 없이 보시를 항상 행하여지이다.' 라고 하느니라."

원일체중생 득불착심 이거가법
願一切衆生이 得不着心하야 離居家法하며

"'원컨대 일체 중생이 집착하지 않는 마음을 얻어 집에 사는 법을 여의어지이다.' 라고 하느니라."

원일체중생 득이중고 제멸일체재횡포외
願一切衆生이 得離衆苦하야 除滅一切災橫怖畏하며

"'원컨대 일체 중생이 모든 고통을 여의며 온갖 재난과 횡액과 공포를 없애게 하여지이다.' 라고 하느니라."

원일체중생 엄정시방일체세계 봉시제불
願一切衆生이 嚴淨十方一切世界하야 奉施諸佛이니라

"'원컨대 일체 중생이 시방 일체 세계를 청정하게 장엄하여 모든 부처님을 받들어지이다.' 라고 하느니라."

시위보살마하살 보시왕도 선근회향
是爲菩薩摩訶薩의 布施王都하는 善根廻向이니

위령중생 실능엄정제불찰고
爲令衆生으로 悉能嚴淨諸佛刹故니라

"이것이 보살마하살이 수도를 보시하는 선근으로 회향하는 것이니라. 중생들로 하여금 모든 부처님의 세계를 깨끗이 장엄하게 하려는 연고이니라."

54번째로 나라의 수도首都와 화려하고 큰 성과 관문에서 받는 세금을 모두 보시하여 회향하는 내용을 설하여 마쳤다. 이 모든 것은 중생들로 하여금 모든 부처님의 세계를 깨끗이 장엄하게 하려는 연고라고 하였다. 즉 아름답고 향기로운 세상을 만들기 위해서다. 정직하고 평화롭고 살기 좋은 세상을 만들기 위해서다.

55〉 내궁內宮의 권속들을 보시하다

불자 보살마하살 소유일체내궁권속 기
佛子야 菩薩摩訶薩이 所有一切內宮眷屬과 妓

시중녀 개안모단정 재능구족 담소가
侍衆女가 皆顔貌端正하고 才能具足하며 談笑歌

무 실개교묘 종종의복 종종화향 이이
舞가 悉皆巧妙하며 種種衣服과 種種華香으로 而以

엄신
嚴身이라

"불자들이여, 보살마하살이 모든 내궁內宮의 권속과 시중드는 기녀들이 있는데, 모두 용모가 단정하고 재능이 구족하고 말하고 웃고 노래하고 춤추는 것이 모두 아름답고 가지각색 의복과 가지각색 꽃과 향으로 몸을 장식하였느니라."

60종의 보시 가운데 55번째는 내궁內宮의 권속들을 보시하여 회향하는 내용이다. 예컨대 보살이 한 나라의 제왕이 되어 수많은 아름다운 궁녀들을 거느리고 있다가 그들을 요구하는 사람이 있을 경우 아낌없이 다 보시하는 것이다.

견자환희 정무염족 여시보녀백천만
見者歡喜하야 情無厭足하나니 如是寶女百千萬

억나유타수 개유보살선업소생 수의자재
億那由他數가 皆由菩薩善業所生이라 隨意自在

경순무실
하야 敬順無失이어든

"보는 이들이 환희하여 싫은 생각이 없나니, 이와 같은 여자의 수효가 백천만 억 나유타인데 모두 보살의 선한 업業으로 생기었으며, 뜻에 맞고 자재하게 공손히 복종하여 허물이 없었느니라."

제왕을 시중드는 궁녀들이라면 미모와 재능이 얼마나 뛰어나겠는가. 뜻에 맞게 행동하고 공손히 복종하여 허물이 전혀 없는 어여쁜 이들이다. 그들의 숫자 또한 무수히 많으리라.

진이보시제래걸자 이어기중 무애락심
盡以布施諸來乞者호대 而於其中에 無愛樂心

무고연심　　무탐착심　　무계박심　　무집
하며 無顧戀心하며 無耽着心하며 無繫縛心하며 無執

취심　　무탐염심　　무분별심　　무수축심
取心하며 無貪染心하며 無分別心하며 無隨逐心하며

무취상심　　무낙욕심
無取相心하며 無樂欲心이니라

"이 모두를 와서 구걸하는 이에게 보시하면서도 그 가운데 사랑하는 마음도 없고, 그리워하는 마음도 없고, 집착하는 마음도 없고, 속박하는 마음도 없고, 고집하는 마음도 없고, 물드는 마음도 없고, 분별하는 마음도 없고, 따라가는 마음도 없고, 형상을 취하는 마음도 없고, 좋아하는 욕망도 없느니라."

아름답고 재능이 뛰어난 그 많은 궁녀를 누군가가 와서 요구한다면 어찌 아깝지 않겠는가마는 그들을 보시할 때에는 위와 같은 열 가지, 중생들이 가질 수 있는 마음이 전혀 없이 보시하는 것이다.

보살 이시 관제선근 위욕령일체중생
菩薩이 爾時에 觀諸善根하고 爲欲令一切衆生

함득출리고 회향 득불법희고 회향
으로 咸得出離故로 廻向하며 得佛法喜故로 廻向하며

어불견고중 이득견고고 회향
於不堅固中에 而得堅固故로 廻向하며

"보살이 그때에 모든 선근을 관찰하고 일체 중생으로 하여금 다 벗어나게 하기 위하여 회향하며, 부처님의 법에 대한 기쁨을 얻게 하기 위하여 회향하며, 견고하지 못한 데서 견고함을 얻게 하기 위하여 회향하느니라."

보살이 궁녀들을 보시하여 회향하는 목적을 밝혔다. 일체 중생으로 하여금 생사의 고통에서 다 벗어나게 하기 위하여 회향하며, 부처님의 법에 대한 기쁨을 얻게 하기 위하여 회향하는 등의 열 가지를 들었다.

득금강지불가괴심고 회향 입불도량고
得金剛智不可壞心故로 廻向하며 入佛道場故로

회향 도어피안고 회향 득무상보리심
廻向하며 到於彼岸故로 廻向하며 得無上菩提心

고 회향 능이지혜 요달제법고 회향
故로 廻向하며 能以智慧로 了達諸法故로 廻向하며

출생일체선근고 회향 입삼세제불가고
出生一切善根故로 廻向하며 入三世諸佛家故로

회향
廻向하나니

"금강 같은 지혜와 깨뜨릴 수 없는 마음을 얻게 하기 위하여 회향하며, 부처님의 도량에 들어가게 하기 위하여 회향하며, 저 언덕에 이르게 하기 위하여 회향하며, 가장 높은 보리심을 얻게 하기 위하여 회향하며, 지혜로 모든 법을 통달하게 하기 위하여 회향하며, 모든 선근을 내게 하기 위하여 회향하며, 삼세 모든 부처님의 가문에 들어가게 하기 위하여 회향하느니라."

보살이 자신이 거느리던 아름다운 궁녀들을 보시하면서 회향하는 목적을 다시 또 일체 중생들로 하여금 금강 같은 지혜와 깨뜨릴 수 없는 마음을 얻게 하기 위해서이며, 부처님의 도량에 들어가게 하기 위해서이며, 저 언덕에 이르게 하기 위해서 등이라고 밝혔다.

불자 보살마하살 주여시법 생여래가
佛子야 菩薩摩訶薩이 住如是法하야 生如來家

증장제불청정승인 출생최승일체지도
하며 增長諸佛淸淨勝因하며 出生最勝一切智道하며

심입보살광대지업 멸제일체세간구뇌
深入菩薩廣大智業하며 滅除一切世間垢惱하며

"불자들이여, 보살마하살이 이와 같은 법에 머물러서 여래의 가문에 태어나며, 모든 부처님의 청정하고 수승한 인연을 증장하고, 가장 수승한 일체 지혜의 도道를 내며, 보살의 광대한 지혜의 업業에 깊이 들어가서 모든 세간의 때와 번뇌를 제멸除滅하느니라."

보살이 제왕으로서 자신이 거느리던 궁녀들을 보시하여 회향하는 법에 머물면 여래의 가문에 태어나며, 모든 부처님의 청정하고 수승한 인연을 증장하게 되는 등의 결과가 있게 된다.

상능공시공덕복전 위제중생 선설묘
常能供施功德福田하며 爲諸衆生하야 宣說妙

법 선교안립 영기수습제청정행 상근
法하며 善巧安立하며 令其修習諸淸淨行하며 常勤

섭취일체선근
攝取一切善根이니라

"공덕의 복전에 항상 공양 보시하고, 모든 중생을 위하여 미묘한 법을 연설하며, 교묘하게 제자리에 있게 하되 그들로 하여금 모든 청정한 행行을 익히게 하며, 모든 선근을 부지런히 거두어 지니게 하느니라."

궁녀들을 보시하면 공덕의 복전에 항상 공양 보시하고, 모든 중생을 위하여 미묘한 법을 연설하는 등의 이익이 있음을 밝혔다. 아래는 원을 세워 회향하는 내용이다.

보살 이시 이제선근 여시회향
菩薩이 爾時에 以諸善根으로 如是廻向하나니

"보살이 그때에 모든 선근으로 이와 같이 회향하느

니라."

소위원일체중생 상득무량삼매권속 보
所謂願一切衆生이 常得無量三昧眷屬하야 菩

살승정 상속부단
薩勝定이 相續不斷하며

"이른바 '원컨대 일체 중생이 무량한 삼매와 권속을 얻어 보살의 수승한 선정禪定이 계속하여 끊이지 말아지이다.' 라고 하느니라."

원일체중생 상락견불 실입제불장엄삼
願一切衆生이 常樂見佛하야 悉入諸佛莊嚴三

매
昧하며

"'원컨대 일체 중생이 부처님 뵈옵기를 항상 좋아하여 모든 부처님의 장엄한 삼매에 들어지이다.' 라고 하느니라."

원일체중생 성취보살부사의정 자재유
願一切衆生이 成就菩薩不思議定하야 自在遊

희무량신통
戲無量神通하며

"'원컨대 일체 중생이 보살의 부사의한 선정을 성취하여 한량없는 신통에 자재하게 유희하여지이다.' 라고 하느니라."

원일체중생 입여실정 득불괴심
願一切衆生이 入如實定하야 得不壞心하며

"'원컨대 일체 중생이 실제와 같은 선정에 들어 부서지지 않는 마음을 얻어지이다.' 라고 하느니라."

원일체중생 진획보살심심삼매 어제선
願一切衆生이 盡獲菩薩甚深三昧하야 於諸禪

정 이득자재
定에 而得自在하며

"'원컨대 일체 중생이 보살의 깊고 깊은 삼매를 다 얻어 모든 선정에 자재함을 얻어지이다.' 라고 하느니라."

원일체중생 득해탈심 성취일체삼매권
願一切衆生이 得解脫心하야 成就一切三昧眷

속
屬하며

"'원컨대 일체 중생이 해탈한 마음을 얻어 모든 삼매와 권속을 성취하여지이다.' 라고 하느니라."

원일체중생 종종삼매 개득선교 실능
願一切衆生이 種種三昧에 皆得善巧하야 悉能

섭취제삼매상
攝取諸三昧相하며

"'원컨대 일체 중생이 갖가지 삼매에 모두 교묘함을 얻어 모든 삼매의 모습을 거두어 가지게 하여지이다.' 라고 하느니라."

원일체중생 득승지삼매 보능학습제삼
願一切衆生이 得勝智三昧하야 普能學習諸三

매문
味門하며

"'원컨대 일체 중생이 수승한 지혜의 삼매를 얻어 여러 삼매의 문을 배워지이다.' 라고 하느니라."

원일체중생 득무애삼매 입심선정
願一切衆生이 得無礙三昧하야 入深禪定하야

종불퇴실
終不退失하며

"'원컨대 일체 중생이 걸림 없는 삼매를 얻어 깊은 선정에 들어가 마침내 잃어버리지 말아지이다.' 라고 하느니라."

원일체중생 득무착삼매 심항정수
願一切衆生이 得無着三昧하야 心恒正受하야

불 취 이 법
不取二法이니라

"'원컨대 일체 중생이 집착이 없는 삼매를 얻어 마음이 항상 바르게 받아들이고 두 가지 법을 취하지 말아지이다.' 라고 하느니라."

시 위 보 살 마 하 살　보 시 일 체 내 궁 권 속 시
是爲菩薩摩訶薩의 布施一切內宮眷屬時에

선 근 회 향
善根廻向이니

"이것이 보살마하살이 모든 내궁의 권속들을 보시할 때에 선근으로 회향하는 것이니라."

위 욕 령 일 체 중 생　개 득 불 괴 청 정 권 속 고
爲欲令一切衆生으로 皆得不壞淸淨眷屬故며

위 욕 령 일 체 중 생　개 득 보 살 권 속 고
爲欲令一切衆生으로 皆得菩薩眷屬故며

"일체 중생으로 하여금 깨뜨릴 수 없는 청정한 권속

을 얻게 하려는 연고며, 일체 중생으로 하여금 보살의 권속을 얻게 하려는 연고이니라."

무슨 까닭으로 보살이 내궁의 궁녀들을 보시하는가를 열다섯 가지로 밝혔다. 오로지 일체 중생을 교화하고, 제도하고, 성숙하고, 성취하기 위한 내용들을 아래와 같이 열거하였다.

위욕령일체중생 실득만족불법고 위욕
爲欲令一切衆生으로 **悉得滿足佛法故**며 **爲欲**

령일체중생 만족일체지력고
令一切衆生으로 **滿足一切智力故**며

"일체 중생으로 하여금 부처님의 법을 만족케 하려는 연고며, 일체 중생으로 하여금 온갖 지혜의 힘을 만족케 하려는 연고이니라."

위욕령일체중생 증어무상지혜고 위욕
爲欲令一切衆生으로 **證於無上智慧故**며 **爲欲**

령 일 체 중 생 　 득 어 수 순 권 속 고
令一切衆生으로 得於隨順眷屬故며

"일체 중생으로 하여금 위없는 지혜를 증득케 하려는 연고며, 일체 중생으로 하여금 순종하는 권속을 얻게 하려는 연고이니라."

위 욕 령 일 체 중 생 　 득 동 지 행 인 공 거 고 　 위
爲欲令一切衆生으로 得同志行人共居故며 爲
욕 령 일 체 중 생 　 구 족 일 체 복 지 고
欲令一切衆生으로 具足一切福智故며

"일체 중생으로 하여금 뜻이 같은 수행인修行人과 함께 있게 하려는 연고며, 일체 중생으로 하여금 온갖 복과 지혜를 구족케 하려는 연고이니라."

위 욕 령 일 체 중 생 　 성 취 청 정 선 근 고 　 위 욕
爲欲令一切衆生으로 成就淸淨善根故며 爲欲
령 일 체 중 생 　 득 선 화 권 속 고
令一切衆生으로 得善和眷屬故며

"일체 중생으로 하여금 청정한 선근을 성취케 하려는 연고며, 일체 중생으로 하여금 착하고 화목한 권속을 얻게 하려는 연고이니라."

위욕령일체중생 성취여래청정법신고
爲欲令一切衆生으로 成就如來淸淨法身故며

위욕령일체중생 성취차제여리변재 선
爲欲令一切衆生으로 成就次第如理辯才하야 善

설제불무진법장고
說諸佛無盡法藏故며

"일체 중생으로 하여금 여래의 청정한 법신法身을 성취케 하려는 연고며, 일체 중생으로 하여금 차례차례 이치와 같은 변재를 성취하여 모든 부처님의 다함없는 법장法藏을 연설케 하려는 연고이니라."

위욕령일체중생 영사일체세속선근
爲欲令一切衆生으로 永捨一切世俗善根하고

동수출세청정선근고 위욕령일체중생 정
同修出世清淨善根故며 爲欲令一切衆生으로 淨

업원만 성취일체청정법고 위욕령일체중
業圓滿하야 成就一切清淨法故며 爲欲令一切衆

생 일체불법 개실현전 이법광명 보
生으로 一切佛法이 皆悉現前하야 以法光明으로 普

엄정고
嚴淨故니라

"일체 중생으로 하여금 모든 세속의 선근善根을 영원히 버리고 출세간하는 청정한 선근을 함께 닦게 하려는 연고며, 일체 중생으로 하여금 청정한 업業을 원만히 하여 모든 청정한 법을 성취케 하려는 연고며, 일체 중생으로 하여금 온갖 불법佛法이 모두 앞에 나타나 법의 광명으로 널리 장엄케 하려는 연고이니라."

보살이 제왕이 되어 내궁의 모든 궁녀들을 보시하여 불법으로 회향하는 설법을 마쳤다. 끝으로 특별히 그 까닭을 열다섯 가지로 들어 보였다.

56〉 사랑하는 처자들을 보시하다

불자 보살마하살 능이소애처자 보시
佛子야 菩薩摩訶薩이 能以所愛妻子로 布施호대

유여왕석수달라태자 현장엄왕보살 급여
猶如往昔須達拏太子와 現莊嚴王菩薩과 及餘

무량제보살등
無量諸菩薩等하야

"불자들이여, 보살마하살이 사랑하는 처자로써 보시하되, 마치 옛날의 수달라須達拏태자와 현장엄왕現莊嚴王보살과 다른 무량한 보살들과 같이 하느니라."

60종의 보시 가운데 56번째는 사랑하는 처자들을 보시하여 회향하는 내용이다. 옛날 수달라須達拏태자와 현장엄왕現莊嚴王보살과 다른 무량한 보살들의 사연에 대해서는 역시 자세하지 않다.

보살 이시 승살바야심 행일체시 정
菩薩이 爾時에 乘薩婆若心하고 行一切施하야 淨

수 보 살 보 시 지 도　기 심 청 정　무 유 중 회
修菩薩布施之道호대 其心清淨하야 無有中悔하고

"보살이 그때에 일체 지혜의 마음에 의하여 온갖 보시를 행하며, 보살의 보시하는 도리를 닦는 데 그 마음이 청정하여 중간에 후회함이 없느니라."

사랑하는 처자를 보시하고 나면 아무리 보시행을 잘 닦아도 중간에 후회하는 마음이 잠깐이라도 일어날 수 있다. 어떤 이는 금전을 보시하였다가 보시를 받은 사람의 행위가 마음에 들지 않는다고 하여 뒷날 되돌려 받았다는 이야기도 들었다. 다 닳은 헌신짝을 미련 없이 버리는 마음으로 버리듯이 주어야 할 것이다.

경 사 소 진　구 일 체 지　영 제 중 생　정 심
罄捨所珍하야 求一切智하며 令諸衆生으로 淨深

지 락　성 보 리 행　관 보 살 도　염 불 보 리
志樂하야 成菩提行하며 觀菩薩道하며 念佛菩提하며

주불종성
住佛種性이니라

"가진 보물을 모두 버리어 일체 지혜를 구하며, 모든 중생들로 하여금 깊은 뜻을 청정하게 하여 보리행菩提行을 이루고 보살의 도道를 관찰하며, 부처님의 보리를 생각하여 부처님의 종성種性에 머물게 하느니라."

가진 보물을 모두 버리어 일체 지혜를 구하고, 일체 중생들로 하여금 보리행을 이루고 보살의 도道를 관찰하며, 부처님의 보리를 생각하여 부처님의 종성種性에 머물게 하려는 뜻으로 보시하는 것이다.

보살마하살 성판여시보시심이 결정지
菩薩摩訶薩이 成辦如是布施心已에 決定志

구여래지신 자관기신 계속일체 부득자
求如來之身하야 自觀己身이 繫屬一切라 不得自

재
在하며

"보살마하살이 이와 같이 보시하는 마음을 마련하고는 결정코 여래의 몸을 구하며, 자기의 몸은 모든 것에 속박되어 자재하지 못함을 관찰하느니라."

우이기신 보섭중생 유여보주 급시
又以其身으로 普攝衆生호대 猶如寶洲에 給施

일체 미만족자 영기만족 보살 여시호
一切하야 未滿足者로 令其滿足이니 菩薩이 如是護

념중생 욕령자신 작제일탑 보사일체
念衆生하야 欲令自身으로 作第一塔하야 普使一切로

개생환희
皆生歡喜하며

"또 그 몸으로 중생들을 모두 포섭하되 마치 보물섬이 일체를 베풀어서 만족하지 못한 이를 만족케 하듯이 보살도 이와 같이 중생을 호념護念하며, 자기의 몸으로 제일가는 탑이 되어 모든 사람들이 다 환희한 마음을 내게 하느니라."

보살이 중생을 위하여 얼마나 간절한 자비심을 일으키는

가를 잘 표현하였다. 예컨대 보물섬이 모든 사람의 마음을 다 만족케 하듯이 중생들을 섭수하고자 하는 것이다. 또 자신의 몸으로 제일가는 탑이 되어 모두를 기쁘게 하고자 한다.

욕어세간 생평등심 욕위중생 작청
欲於世間에 **生平等心**하며 **欲爲衆生**하야 **作淸**
량지 욕여중생 일체안락
凉池하며 **欲與衆生**으로 **一切安樂**하며

"세간에 대하여 평등한 마음을 내고자 하며, 중생을 위하여 청량한 못이 되고자 하며, 중생에게 모두 안락을 주고자 하느니라."

욕위중생 작대시주 지혜자재 요지
欲爲衆生하야 **作大施主**하며 **智慧自在**하야 **了知**
보살소행지행 이능여시대서장엄 취일
菩薩所行之行하고 **而能如是大誓莊嚴**으로 **趣一**

체지　　원성무상지혜복전
切智하야 願成無上智慧福田하며

"중생을 위하여 큰 시주施主가 되려고 하며, 지혜가 자재하여 보살이 행行할 행을 알고자 하며, 능히 이와 같은 큰 서원으로 장엄하고 일체 지혜에 나아가려 하며, 가장 높은 지혜와 복전을 이루려 하느니라."

중생들을 위해서 큰 시주가 되려고 하며, 나아가서 가장 높은 지혜와 복전을 이루려 하는 것이다.

보념중생　　상수수호　　이능성판자신이
普念衆生하야 常隨守護하야 而能成辦自身利

익　　지혜광명　　보조어세　　상근억념보살
益하며 智慧光明으로 普照於世하야 常勤憶念菩薩

시심　　항락관찰여래경계
施心하며 恒樂觀察如來境界니라

"널리 중생을 염려하여 항상 따라 수호하려 하면서도 능히 자신의 이익을 마련하여 지혜의 광명을 세상에 두루 비추려 하며, 보살의 보시하는 마음을 항상 부지런히 생각하고, 여래의 경계를 관찰하기를 항상 좋아하느니라."

"널리 중생을 염려하여 항상 따라 수호하려 하면서도 능히 자신의 이익을 마련하여 지혜의 광명을 세상에 두루 비추려 한다."는 것은 보살의 삶이 '위로는 보리를 구하고[上求菩提] 아래로는 중생을 교화한다[下化衆生].'에 있다는 것을 잘 표현한 내용이다. 아래는 사랑하는 처자를 보시하면서 회향하는 원을 열거하였다.

불자 보살마하살 이무박무착해탈심

佛子야 **菩薩摩訶薩**이 **以無縛無着解脫心**으로

보시처자 소집선근 여시회향

布施妻子하야 **所集善根**으로 **如是廻向**하나니

"불자들이여, 보살마하살이 속박이 없고 집착이 없는 해탈한 마음으로 처자를 보시하고, 그로써 모은 선근으로 이와 같이 회향하느니라."

소위원일체중생 주불보리 기변화신
所謂願一切衆生이 住佛菩提하야 起變化身하야

주변법계 전불퇴륜
周徧法界하야 轉不退輪하며

"이른바 '원컨대 일체 중생이 부처님의 보리에 머무르며 변화하는 몸을 일으켜 법계에 두루 하여 물러가지 않는 법륜法輪을 굴려지이다.' 라고 하느니라."

원일체중생 득무착신 원력주행일체불
願一切衆生이 得無着身하야 願力周行一切佛

찰
刹하며

"'원컨대 일체 중생이 집착이 없는 몸을 얻어서 소원하는 힘으로 모든 부처님 세계에 두루 다니게 하여지이다.' 라고 하느니라."

원일체중생 사애증심 단탐에결
願一切衆生이 捨愛憎心하고 斷貪恚結하며

"'원컨대 일체 중생이 사랑하고 미워하는 마음을 버리며, 탐내고 성내는 번뇌를 끊게 하여지이다.' 라고 하느니라."

원일체중생 위제불자 수불소행
願一切衆生이 爲諸佛子하야 隨佛所行하며

"'원컨대 일체 중생이 불자가 되어 부처님의 행을 따라지이다.' 라고 하느니라."

원일체중생 어제불소 생자기심 불가저괴
願一切衆生이 於諸佛所에 生自己心하야 不可沮壞하며

"'원컨대 일체 중생이 부처님 계신 데서 '자기' 라는 마음을 내어 저해沮害할 수 없어지이다.' 라고 하느니라."

원일체중생 상위불자 종법화생
願一切衆生이 常爲佛子하야 從法化生하며

"'원컨대 일체 중생이 항상 불자가 되어 법으로조차 화생化生하여지이다.' 라고 하느니라."

원일체중생 득구경처 성취여래자재지혜
願一切衆生이 得究竟處하야 成就如來自在智慧하며

"'원컨대 일체 중생이 구경究竟의 곳을 얻어 여래의 자재한 지혜를 성취하여지이다.' 라고 하느니라."

원일체중생 증불보리 영리번뇌
願一切衆生이 證佛菩提하야 永離煩惱하며

"'원컨대 일체 중생이 부처님의 보리를 증득하여 번뇌를 영원히 떠나지이다.' 라고 하느니라."

원일체중생 능구연설불보리도 상락수
願一切衆生이 能具演說佛菩提道하야 常樂修

행무상법시
行無上法施하며

"'원컨대 일체 중생이 부처님의 보리도菩提道를 구족히 연설하며 위없는 법보시法布施를 항상 수행하여지이다.' 라고 하느니라."

원일체중생 득정정심 불위일체제연소
願一切衆生이 得正定心하야 不爲一切諸緣所

괴
壞하며

"'원컨대 일체 중생이 바른 선정의 마음을 얻어 일체 모든 인연으로 파괴할 수 없어지이다.' 라고 하느니라."

원일체중생 좌보리수 성최정각 개
願一切衆生이 坐菩提樹하야 成最正覺하야 開

시 무 량 종 법 화 생 제 선 남 녀
示無量하며 **從法化生諸善男女**니라

"'원컨대 일체 중생이 보리수에 앉아서 최정각最正覺을 이루고 한량없는 이치를 열어 보이며, 법으로조차 모든 선남자善男子 선여인善女人이 화생하여지이다.' 라고 하느니라."

시 위 보 살 마 하 살 보 시 처 자 선 근 회 향
是爲菩薩摩訶薩의 **布施妻子**하는 **善根廻向**이니

위 령 중 생 개 실 증 득 무 애 해 탈 무 착 지 고
爲令衆生으로 **皆悉證得無礙解脫無着智故**니라

"이것이 보살마하살이 처자를 보시하며 선근으로 회향하는 것이니라. 중생들로 하여금 걸림 없는 해탈과 집착 없는 지혜를 증득케 하려는 연고이니라."

보살이 처자를 보시하며 선근으로 회향하는 법을 설하여 마쳤다. 중생들로 하여금 걸림 없는 해탈과 집착 없는 지혜를 증득케 하려는 연고임을 밝혔다.

57〉 집과 살림도구를 보시하다

불자 보살마하살 장엄사택 급제자구
佛子야 **菩薩摩訶薩**이 **莊嚴舍宅**과 **及諸資具**를

수유걸구 일체시여 행보시법 어가무
隨有乞求하야 **一切施與**하야 **行布施法**하며 **於家無**

착 원리일체거가각관 염오가업자생지
着하야 **遠離一切居家覺觀**하고 **厭惡家業資生之**

구 불탐불미 심무계착
具하야 **不貪不味**하야 **心無繫着**하며

"불자들이여, 보살마하살이 장엄한 집과 여러 가지 살림도구를 구걸하는 이에게 모두 보시하되, 보시하는 법을 행하여 집에 집착이 없으며, 일체 집에서 사는 관념을 멀리 여의고 집안일과 살림하는 도구를 싫어하며, 탐하지도 않고 맛들이지도 않아 마음에 얽매임이 없느니라."

57번째는 집과 살림도구를 보시하여 회향하는 내용을 밝혔다. 세상의 모든 사람들은 집을 가꾸고 살림도구를 장만하고 나열하는 것을 삶의 큰 보람으로 여긴다. 그래서 의식주의 제반 분야 중에서도 주거문화가 가장 많이 발달하였

다. 세상 사람들이 다 애착하는 집과 살림도구를 보살은 탐하지도 않고 맛들이지도 않아 마음에 얽매임이 없다.

지가이괴 심항염사 도어기중 무소
知家易壞하야 **心恒厭捨**하야 **都於其中**에 **無所**
애락 단욕출가 수보살행 이제불법
愛樂하고 **但欲出家**하야 **修菩薩行**하야 **以諸佛法**으로
이자장엄
而自莊嚴하며

"집이란 파괴되기 쉬운 줄을 알아 마음으로 항상 싫어하며, 그 가운데 조금도 사랑하지 않고, 출가하여 보살행을 닦아 부처님의 법으로 장엄하려 하느니라."

일체실사 심무중회 상위제불지소찬
一切悉捨호대 **心無中悔**하야 **常爲諸佛之所讚**
탄 사택재물 수처소유 실이혜시 심무
歎하며 **舍宅財物**의 **隨處所有**를 **悉以惠施**호대 **心無**

연착　　견유걸구　심생희경
戀着하야 **見有乞求**에 **心生喜慶**이니라

"모든 것을 다 버리어도 후회하는 마음이 없고, 항상 부처님의 찬탄함이 되려 하며, 집이나 재물이나 있는 대로 다 보시하여도 연연하여 애착하는 생각이 없고, 구걸하는 이를 보고는 기쁜 마음을 내어 보시하느니라."

집이란 파괴되기 쉬운 것이다. 무상한 것이다. 지진에 무너지는 집들을 보라. 해일에 쓸려 가는 집들을 보라. 얼마나 허망한가. 그런데도 인간의 탐욕은 황금으로 집을 지으려 하고 다이아몬드로 집을 장식하려 한다. 아래는 보살이 집과 살림도구를 보시하면서 원을 세워 회향하는 것을 열거하였다.

보살　이시　이차선근　　여시회향
菩薩이 **爾時**에 **以此善根**으로 **如是迴向**하나니

"보살이 그때에 이 선근으로 이와 같이 회향하느니라."

소위원일체중생 사리처자 성취출가제
所謂願一切衆生이 捨離妻子하고 成就出家第

일지락
一之樂하며

"이른바 '원컨대 일체 중생이 처자를 떠나서 출가出家한 제일의 낙樂을 성취하여지이다.' 라고 하느니라."

원일체중생 해탈가박 입어비가 제
願一切衆生이 解脫家縛하고 入於非家하야 諸

불법중 수행범행
佛法中에 修行梵行하며

"'원컨대 일체 중생이 집이라는 속박에서 해탈하여 집이 아닌 데 들어가고 모든 불법佛法 가운데서 범행梵行을 닦아지이다.' 라고 하느니라."

원일체중생 사리간구 낙일체시 심
願一切衆生이 捨離慳垢하고 樂一切施하야 心

무퇴전
無退轉하며

"'원컨대 일체 중생이 아끼고 탐하는 때[垢]를 버리고 온갖 것 보시하기를 좋아하며 퇴전하는 마음이 없어지이다.'라고 하느니라."

원일체중생 영리가법 소욕지족 무
願一切衆生이 永離家法하고 少欲知足하야 無

소장적
所藏積하며

"'원컨대 일체 중생이 집이라는 법을 영원히 여의고 욕심이 없이 만족함을 알아 쌓아 두는 일이 없어지이다.'라고 하느니라."

원일체중생 출세속가 주여래가
願一切衆生이 出世俗家하야 住如來家하며

"'원컨대 일체 중생이 세속世俗 집을 벗어나서 여래의

가문에 머물러지이다.' 라고 하느니라."

원일체중생 득무애법 멸제일체장애지
願一切衆生이 **得無礙法**하야 **滅除一切障礙之**

도
道하며

"'원컨대 일체 중생이 걸림 없는 법을 얻고 온갖 장애되는 길을 멸하여지이다.' 라고 하느니라."

원일체중생 이가속애 수현거가 심무
願一切衆生이 **離家屬愛**하야 **雖現居家**나 **心無**

소착
所着하며

"'원컨대 일체 중생이 집안 권속이라는 애착을 떠나서 비록 집에 있음을 나타내나 집착하는 마음이 없어지이다.' 라고 하느니라."

원일체중생 선능화유 불리가법 설
願一切衆生이 **善能化誘**하야 **不離家法**하고 **說**
불지혜
佛智慧하며

"'원컨대 일체 중생이 교화敎化하고 인도引導하기를 잘하여 집안의 법을 떠나지 않고 부처님의 지혜를 설하여지이다.' 라고 하느니라."

원일체중생 신현재가 심상수순불지이
願一切衆生이 **身現在家**호대 **心常隨順佛智而**
주
住하며

"'원컨대 일체 중생이 몸은 집에 있음을 나타내되 마음은 항상 부처님의 지혜를 수순하여 머물러지이다.' 라고 하느니라."

원일체중생 재거가지 주어불지 보령
願一切衆生이 **在居家地**호대 **住於佛地**하야 **普令**

무량무변중생 발환희심
無量無邊衆生으로 **發歡喜心**이니라

"'원컨대 일체 중생이 집에 사는 처지에 있으면서도 부처님 지위에 머물러서 널리 무량무변한 중생으로 하여금 환희한 마음을 내게 하여지이다.' 라고 하느니라."

시위보살마하살 보시사택시 선근회향
是爲菩薩摩訶薩의 **布施舍宅時**에 **善根迴向**이니

위령중생 성취보살종종행원신통지고
爲令衆生으로 **成就菩薩種種行願神通智故**니라

"이것이 보살마하살이 집을 보시할 때에 선근으로 회향하는 것이니라. 중생들로 하여금 보살의 갖가지 행行과 원願과 신통과 지혜를 성취케 하려는 연고이니라."

보살이 집을 보시할 때에 선근으로 회향하는 법을 설하여 마쳤다. 중생들로 하여금 보살의 갖가지 행行과 원願과 신통과 지혜를 성취케 하려는 까닭임을 밝혔다.

58〉 동산과 숲을 보시하다

불자 보살마하살 보시종종원림대사유
佛子야 菩薩摩訶薩이 布施種種園林臺榭遊

희쾌락장엄지처 작시념언 아당위일체중
戲快樂莊嚴之處에 作是念言호대 我當爲一切衆

생 작호원림 아당위일체중생 시현법
生하야 作好園林하며 我當爲一切衆生하야 示現法

락
樂하며

"불자들이여, 보살마하살이 갖가지 원림園林과 누대樓臺와 유희하고 쾌락하는 장엄한 처소를 보시하면서 항상 생각하기를,

'내가 마땅히 일체 중생에게 좋은 원림이 되리라. 내가 마땅히 일체 중생에게 법의 즐거움을 보여 주리라.'

아당시일체중생환희지의 아당시일체중
我當施一切衆生歡喜之意하며 我當示一切衆

생무변희락
生無邊喜樂하며

'내가 마땅히 일체 중생에게 환희한 뜻을 베풀어 주리라. 내가 마땅히 일체 중생에게 그지없는 즐거움을 보여 주리라.'

아당위일체중생 개정법문 아당영일
我當爲一切衆生하야 **開淨法門**하며 **我當令一**

체중생 발환희심
切衆生으로 **發歡喜心**하며

'내가 마땅히 일체 중생에게 청정한 법문을 열어 주리라. 내가 마땅히 일체 중생에게 환희심을 내게 하리라.'

아당영일체중생 득불보리 아당영일
我當令一切衆生으로 **得佛菩提**하며 **我當令一**

체중생 성만대원
切衆生으로 **成滿大願**하며

'내가 마땅히 일체 중생으로 하여금 부처님의 보리를 얻게 하리라. 내가 마땅히 일체 중생으로 하여금 큰 소원을 이루게 하리라.'

아 당 어 일 체 중 생　유 여 자 부　아 당 영 일 체
我當於一切衆生에 **猶如慈父**하며 **我當令一切**

중 생　지 혜 관 찰
衆生으로 **智慧觀察**하며

'내가 마땅히 일체 중생에게 인자한 아버지와 같이 하리라. 내가 마땅히 일체 중생으로 하여금 지혜로 관찰하게 하리라.'

아 당 시 일 체 중 생 자 생 지 구　아 당 어 일 체 중
我當施一切衆生資生之具하며 **我當於一切衆**

생　유 여 자 모　생 장 일 체 선 근 대 원
生에 **猶如慈母**하야 **生長一切善根大願**이니

'내가 마땅히 일체 중생에게 살아갈 도구를 보시하리라. 내가 마땅히 일체 중생에게 사랑하는 어머니와 같이 하여 모든 선근善根과 큰 서원誓願을 자라게 하리라.' 라고 하느니라."

보살이 갖가지 원림과 누대와 유희하고 쾌락하는 여러 가지로 잘 꾸며진 처소를 보시하면서 생각하는 내용을 열두

가지를 들어 밝혔다. 이와 같이 보살은 언제나 중생을 위하는 마음뿐이다.

불자 보살마하살 여시수행제선근시 어
佛子야 **菩薩摩訶薩**이 **如是修行諸善根時**에 **於**

악중생 불생피염 역불오기기사지심
惡衆生에 **不生疲厭**하고 **亦不誤起棄捨之心**하며

"불자들이여, 보살마하살이 이와 같이 모든 선근을 닦을 적에 악한 중생에게 고달프고 싫은 생각을 내지 아니하며, 또한 실수로도[誤] 버릴 생각을 일으키지 아니하느니라."

설만세간일체중생 실부지은 보살 어
設滿世間一切衆生이 **悉不知恩**이라도 **菩薩**이 **於**

피 초무혐한 불생일념구반보심 단욕
彼에 **初無嫌恨**하야 **不生一念求反報心**하고 **但欲**

멸기무량고뇌
滅其無量苦惱하야

"설사 세간에 가득한 일체 중생이 은혜 갚을 줄을 모르더라도 보살은 저들에게 싫어하거나 한탄하는 마음이 없고, 잠깐이라도 은혜 갚기를 바라는 마음이 없으며, 다만 그들의 한량없는 고통을 멸하려 하느니라."

어제세간 심여허공 무소염착 보관
於諸世間에 **心如虛空**하야 **無所染着**하며 **普觀**

제법진실지상 발대서원 멸중생고 영
諸法眞實之相하고 **發大誓願**하야 **滅衆生苦**하며 **永**

불염사대승지원 멸일체견 수제보살평
不厭捨大乘志願하고 **滅一切見**하야 **修諸菩薩平**

등행원
等行願이니라

"세간에 대하여는 마음이 허공과 같아서 물들지 아니하며, 모든 법의 진실한 모양을 관찰하고 큰 서원으로 중생의 고초를 멸하려 하며, 대승大乘의 뜻과 소원을 영원히 버리지 않고 온갖 소견을 멸하여 모든 보살의 평등한 행行과 원願을 닦느니라."

보살은 악한 중생이나 또는 은혜를 모르는 중생에게 혹 잠깐 실수로라도 싫어하거나 한탄하는 마음이 없고, 잠깐이라도 은혜 갚기를 바라는 마음이 없으며, 다만 그들의 한량없는 고통을 소멸하려는 마음뿐이다. 아래에는 보살이 갖가지 원림과 누대와 유희하고 쾌락하는 여러 가지로 잘 꾸며진 처소를 보시하는 선근으로 회향하는 내용을 열거하였다.

불자 보살마하살 여시관찰이 섭제선
佛子야 **菩薩摩訶薩**이 **如是觀察已**하고 **攝諸善**
근 실이회향
根하야 **悉以廻向**하나니

"불자들이여, 보살마하살이 이와 같이 관찰하고는 모든 선근을 거두어서 모두 회향하느니라."

소위원일체중생 염념자생무량선법 성
所謂願一切衆生이 **念念滋生無量善法**하야 **成**

취무상원림지심
就無上園林之心하며

"이른바 '원컨대 일체 중생이 생각 생각마다 한량없는 선善한 법을 내어 위없는 원림園林을 이루려는 마음을 성취하여지이다.' 라고 하느니라."

원일체중생 득부동법 견일체불 개
願一切衆生이 得不動法하야 見一切佛하고 皆

령환희
令歡喜하며

"'원컨대 일체 중생이 동요하지 않는 법을 얻어 여러 부처님을 뵈옵고 환희케 하여지이다.' 라고 하느니라."

원일체중생 낙법원원 득제불찰원원묘
願一切衆生이 樂法園苑하야 得諸佛刹園苑妙

락
樂하며

"'원컨대 일체 중생이 불법佛法의 동산을 좋아하여 모

든 부처님 세계의 동산에서 묘한 낙樂을 얻어지이다.' 라고 하느니라."

원일체중생 득정묘심 상견여래신족원림
願一切衆生이 **得淨妙心**하야 **常見如來神足園林**하며

"'원컨대 일체 중생이 깨끗하고 묘한 마음을 얻어 여래의 신통한 원림을 항상 보아지이다.' 라고 하느니라."

원일체중생 득불희락 상선유희지혜경계
願一切衆生이 **得佛戱樂**하야 **常善遊戱智慧境界**하며

"'원컨대 일체 중생이 부처님의 희락戱樂을 얻어 지혜의 경계에서 항상 유희하여지이다.' 라고 하느니라."

원일체중생 득유희락 보예불찰도량중회
願一切衆生이 得遊戲樂하야 普詣佛刹道場衆會하며

"'원컨대 일체 중생이 유희하는 낙을 얻어 부처님 세계의 대중이 모인 도량에 두루 나아가지이다.' 라고 하느니라."

원일체중생 성취보살해탈유희 진미래겁 행보살행 심무피권
願一切衆生이 成就菩薩解脫遊戲하야 盡未來劫토록 行菩薩行호대 心無疲倦하며

"'원컨대 일체 중생이 보살이 해탈하는 유희를 성취하여 미래의 겁이 다하도록 보살의 행을 행하되 고달픔이 없어지이다.' 라고 하느니라."

원일체중생 견일체불 충만법계 발광
願一切衆生이 見一切佛이 充滿法界하고 發廣

대심 주불원림
大心하야 住佛園林하며

"'원컨대 일체 중생이 모든 부처님이 법계法界에 충만함을 보고 광대한 마음을 내어 부처님의 원림에 있게 하여지이다.' 라고 하느니라."

원일체중생 실능변왕일체불찰 일일찰중 공양제불
願一切衆生이 悉能徧往一切佛刹하야 一一刹中에 供養諸佛하며

"'원컨대 일체 중생이 모두 여러 부처님 세계에 나아가 낱낱 세계에서 모든 부처님께 공양하여지이다.' 라고 하느니라."

원일체중생 득선욕심 청정장엄일체불찰
願一切衆生이 得善欲心하야 清淨莊嚴一切佛刹이니라

"'원컨대 일체 중생이 좋은 욕망을 얻어 모든 부처님의 세계를 청정하게 장엄하여지이다.' 라고 하느니라."

시위보살마하살 보시일체원림대사 선
是爲菩薩摩訶薩의 **布施一切園林臺榭**하는 **善**
근회향 위령중생 견일체불유희 일체
根廻向이니 **爲令衆生**으로 **見一切佛遊戲**와 **一切**
불원림고
佛園林故니라

"이것이 보살마하살이 모든 원림園林과 누대樓臺를 보시하면서 선근으로 회향하는 것이니라. 중생들로 하여금 일체 부처님의 유희와 일체 부처님의 원림을 보게 하려는 연고이니라."

보살이 모든 원림과 누대를 보시하면서 선근으로 회향하는 내용을 설하여 마쳤다. 이와 같은 선근을 회향하는 까닭은 중생들로 하여금 일체 부처님의 유희와 일체 부처님의 원림을 보게 하려는 것이라고 하였다.

59〉 광대한 보시의 모임을 만들어 보시하다

불자 보살마하살 작백천억나유타무량
佛子야 **菩薩摩訶薩**이 **作百千億那由他無量**

무수광대시회 일체청정 제불인가 종불
無數廣大施會호대 **一切清淨**하야 **諸佛印可**라 **終不**

손뇌어일중생 보령중생 원리중악 정
損惱於一衆生하야 **普令衆生**으로 **遠離衆惡**하고 **淨**

삼업도 성취지혜
三業道하야 **成就智慧**하며

"불자들이여, 보살마하살이 백천억 나유타 무량무수하고 광대하게 보시하는 모임을 만드는데, 온갖 것이 청정하여 모든 부처님이 인가印可하시는 바이며, 마침내 한 중생도 해롭게 하지 않고, 널리 중생들로 하여금 여러 나쁜 일을 멀리 버리고 삼업三業의 도道를 깨끗이 하며 지혜를 성취하느니라."

59번째는 광대한 보시의 모임을 만들어 보시하여 회향하는 내용이다. 대만의 증엄證嚴스님이 만든 자재공덕회에서 하는 모든 구호활동이 곧 그것이다. 물질이면 물질로, 먹을 것이면 먹을 것으로, 집이면 집으로, 학교면 학교로, 의복이면 의복으로, 재난 구호면 재난 구호로, 심지어 교회면 교회로, 중생들이 필요로 하는 것이면 무엇이든 다 베풀어서 구호한다. 그는 참으로 모든 부처님이 인가印可하시는 바이다.

개치무량백천억나유타아승지청정경계
開置無量百千億那由他阿僧祇清淨境界하며

적집무량백천억나유타아승지자생묘물 발
積集無量百千億那由他阿僧祇資生妙物하고 發

심난득보리지심 행무한시 영제중생
甚難得菩提之心하야 行無限施하야 令諸衆生으로

주청정도 초중후선 생정신해
住清淨道하야 初中後善에 生淨信解하며

"한량없는 백천억 나유타 아승지의 청정한 경계를 마련하며, 한량없는 백천억 나유타 아승지의 생활에 필요한 아름다운 물건을 쌓아 놓고, 심히 얻기 어려운 보리심을 내어 제한 없는 보시를 행하며, 모든 중생들로 하여금 청정한 도에 머물게 하되, 처음과 중간과 나중이 모두 선하여 청정한 믿음과 이해를 내게 하느니라."

세계에서 가장 큰 구호단체인 자재공덕회는 실로 한량없는 백천억 나유타 아승지의 생활에 필요한 아름다운 물건을 쌓아 놓고, 심히 얻기 어려운 보리심을 내어 제한 없는 보시를 행하는 자선단체다. 또 모든 중생들로 하여금 청정한 도에 머물게 하는 대자비의 단체다. 그들은 실로 처음도 선하고 중간도 선하고 나중도 선하여 청정한 믿음과 이해를 내게 하는, 세상에서 제일가는 훌륭한 단체다.

수백천억무량중생심지소락 실령환희
隨百千億無量衆生心之所樂하야 **悉令歡喜**하고

이대자비 구호일체 승사공양삼세제불
以大慈悲로 **救護一切**하야 **承事供養三世諸佛**하며

위욕성취일체불종
爲欲成就一切佛種하며

"백천억 무량 중생의 마음에 좋아함을 따라 모두 환희케 하며, 대자비로써 모든 이를 구호하여 삼세의 모든 부처님을 섬기고 공양하여 모든 부처님의 종성種性을 성취케 하고자 하느니라."

수행보시 심무중회 증장신근 성만
修行布施호대 心無中悔하야 增長信根하고 成滿

승행 염념증진단바라밀
勝行하야 念念增進檀波羅蜜이니라

"보시를 수행하되 그 마음은 중간에 후회하지 아니하고, 신근信根을 증장하며, 수승한 행을 만족하여, 생각생각마다 보시바라밀다를 증진增進하느니라."

보시를 행하고 세상을 구제함에 있어서 개인은 아무리 마음이 있더라도 활동하는 데 한계가 있다. 오늘날에는 국가적으로 하는 것이 가장 힘이 있으나 그것도 또한 장애가 많다. 다행히 요즘은 구호단체가 무수히 많아서 의료와 가난과 문맹을 구제하는 데 많은 노력을 하고 있다. 많은 단체가 국가와 민족과 이념과 정치의 차별을 넘어 구제활동을 하고 있다. 보시를 행하는 큰 모임을 만들어 보시한다는 경전의 가르침은 곧 오늘날의 자선단체들을 말한다. 대자비로써 모든 이를 구호하여 일체 중생을 삼세의 모든 부처님으로 섬기고 공양하는 것은 곧 모든 부처님의 종성種性을 이어가는 일이다. 아래에는 광대한 보시의 모임을 만들어 보시하여 회향하는 원을 열거하였다.

보살 이시 이제선근 여시회향
菩薩이 爾時에 以諸善根으로 如是廻向하나니

"보살이 그때에 모든 선근으로 이와 같이 회향하느니라."

소위원일체중생 발대승심 실득성취마하연시
所謂願一切衆生이 發大乘心하야 悉得成就摩訶衍施하며

"이른바 '원컨대 일체 중생이 대승심大乘心을 내어 모두 대승의 보시를 성취하여지이다.' 라고 하느니라."

원일체중생 개실능행대회시 진시 선시
願一切衆生이 皆悉能行大會施와 盡施와 善施와

최승시 무상시 최무상시 무등등시 초제
最勝施와 無上施와 最無上施와 無等等施와 超諸

세간시 일체제불소칭탄시
世間施와 一切諸佛所稱歎施하며

"'원컨대 일체 중생이 크게 모여서 하는 보시와 모두 다하는 보시와 선한 보시와 가장 수승한 보시와 위없는 보시와 가장 위없는 보시와 같음이 없이 같은 보시와 세간을 초월한 보시와 모든 부처님이 칭찬하는 보시를 능히 행하여지이다.' 라고 하느니라."

원일체중생 작제일시주 어제악취 면
願一切衆生이 作第一施主하야 於諸惡趣에 勉

제중생 개령득입무애지도 수평등원
濟衆生하야 皆令得入無礙智道하고 修平等願과

여실선근 득무차별 증자경지
如實善根하야 得無差別하야 證自境智하며

"'원컨대 일체 중생이 으뜸가는 시주施主가 되어 여러 나쁜 갈래에서 중생들을 힘써 건져 내어 걸림이 없는 지혜의 길에 들게 하며, 평등한 소원과 실상實相과 같은 선근을 닦아서 차별 없는 자기의 경계를 증득하는 지혜를 얻어지이다.' 라고 하느니라."

원일체중생 안주적정제선정지 입불사
願一切衆生이 安住寂靜諸禪定智하야 入不死
도 구경일체신통지혜 용맹정진 구족
道하고 究竟一切神通智慧하야 勇猛精進하야 具足
제지 장엄불법 도어피안 영불퇴전
諸地하고 莊嚴佛法하야 到於彼岸하야 永不退轉하며

"'원컨대 일체 중생이 고요한 모든 선정의 지혜에 편안히 있으면서 죽지 않는 길에 들어가 모든 신통과 지혜를 끝까지 이루며, 용맹하게 정진하여 여러 지위를 구족하고 불법佛法을 장엄하며, 저 언덕에 이르러 영원히 퇴전하지 말아지이다.' 라고 하느니라."

원일체중생 설대시회 종불피염 급제
願一切衆生이 設大施會호대 終不疲厭하고 給濟

중생 무유휴식 구경무상일체종지
衆生하야 無有休息하야 究竟無上一切種智하며

"'원컨대 일체 중생이 크게 보시하는 모임을 베풀되 고달픈 줄을 모르고, 중생들에게 공급하여 구제하고, 쉬지 아니하며 위없는 온갖 것을 아는 지혜를 끝까지 얻어지이다.' 라고 하느니라."

원일체중생 항근종식일체선근 도어무량공덕피안
願一切衆生이 恒勤種植一切善根하야 到於無量功德彼岸하며

"'원컨대 일체 중생이 항상 부지런히 온갖 선근을 심고, 한량없는 공덕의 저 언덕에 이르러지이다.' 라고 하느니라."

원일체중생 상몽제불지소칭탄 보위세
願一切衆生이 常蒙諸佛之所稱歎하야 普爲世

간 작대시주 공덕구족 충만법계 변
間하야 作大施主호대 功德具足하야 充滿法界하야 徧

조시방 시무상락
照十方하야 施無上樂하며

"'원컨대 일체 중생이 모든 부처님들의 칭찬을 항상 받으며, 세간의 큰 시주가 되어 공덕이 구족하고 법계에 충만하여 시방에 두루 비치며, 위없는 낙樂을 베풀어지이다.' 라고 하느니라."

원일체중생 설대시회 광집선근 등
願一切衆生이 設大施會하야 廣集善根하고 等

섭중생 도어피안
攝衆生하야 到於彼岸하며

"'원컨대 일체 중생이 크게 보시하는 모임을 베풀고 선근을 널리 모으며, 중생들을 평등하게 포섭하여 저 언덕에 이르러지이다.' 라고 하느니라."

원일체중생 성최승시 보령중생 주제
願一切衆生이 成最勝施하야 普令衆生으로 住第
일승
一乘하며

"'원컨대 일체 중생이 가장 수승한 보시를 이루어 중생들로 하여금 제일의 승乘에 머물게 하여지이다.' 라고 하느니라."

원일체중생 위응시시 영리비시 대
願一切衆生이 爲應時施하야 永離非時하야 大
시구경
施究竟하며

"'원컨대 일체 중생이 시기에 알맞은 보시를 하여 때 아닌 때를 영원히 떠나서 끝까지 크게 보시하여지이다.' 라고 하느니라."

원일체중생 성취선시 도불장부대시피
願一切衆生이 成就善施하야 到佛丈夫大施彼

안
岸하며

"'원컨대 일체 중생이 선한 보시를 성취하고 부처님 장부[佛丈夫]의 크게 보시하는 저 언덕에 이르러지이다.' 라고 하느니라."

원일체중생 구경상행대장엄시 진이일
願一切衆生이 究竟常行大莊嚴施하야 盡以一

체제불위사 실개친근 홍대공양
切諸佛爲師하고 悉皆親近하야 興大供養하며

"'원컨대 일체 중생이 끝까지 크게 장엄하는 보시를 행하며, 일체 모든 부처님으로 다 스승을 삼고 모두 친근하여 큰 공양을 일으켜지이다.' 라고 하느니라."

원일체중생 주청정시 집등법계무량복
願一切衆生이 住淸淨施하야 集等法界無量福

덕 도어피안
德하야 到於彼岸하며

"'원컨대 일체 중생이 청정한 보시에 머물고 법계와 같은 무량한 복덕을 모아 저 언덕에 이르러지이다.' 라고 하느니라."

원일체중생 어제세간 위대시주 서도
願一切衆生이 **於諸世間**에 **爲大施主**하야 **誓度**
군품 주여래지
群品하야 **住如來地**니라

"'원컨대 일체 중생이 모든 세간에서 큰 시주가 되어 맹세코 여러 중생을 제도하여 여래의 지위에 머물게 하여지이다.' 라고 하느니라."

시위보살마하살 설대시회 선근회향
是爲菩薩摩訶薩의 **設大施會**하는 **善根廻向**이니

"이것이 보살마하살이 크게 보시하는 모임을 베풀면서 선근으로 회향하는 것이니라."

위령중생　행무상시　구경불시　성취선
爲令衆生으로 **行無上施**와 **究竟佛施**와 **成就善**

시　불가괴시　공제불시　무에한시　구중생
施와 **不可壞施**와 **供諸佛施**와 **無恚恨施**와 **救衆生**

시　성일체지시　상견제불시　선정진시　성
施와 **成一切智施**와 **常見諸佛施**와 **善精進施**와 **成**

취일체보살공덕제불지혜광대시고
就一切菩薩功德諸佛智慧廣大施故니라

"중생들로 하여금 위없는 보시와 구경에는 부처님이 되는 보시와, 선善을 성취하는 보시와, 깨뜨릴 수 없는 보시와, 부처님께 공양하는 보시와, 성내고 원한이 없는 보시와, 중생을 구제하는 보시와, 온갖 지혜를 이루는 보시와, 부처님들을 항상 친견하는 보시와, 잘 정진하는 보시와, 일체 보살의 공덕과 모든 부처님의 지혜를 성취하는 광대한 보시를 행하게 하려는 연고이니라."

광대한 보시의 모임을 만들어 보시하고 다시 그 선근을 회향하는 원을 설하여 마쳤다. 중생들로 하여금 위없는 보시와 구경에는 부처님이 되는 보시 등을 행하게 하려는 것이 그 까닭임을 밝혔다.

60〉 생활에 필요한 모든 물건을 보시하다

불자 보살마하살 보시일체자생지물
佛子야 **菩薩摩訶薩**이 **布施一切資生之物**호대

심무탐석 불구과보 어세부락 무소희망
心無貪惜하야 **不求果報**하고 **於世富樂**에 **無所希望**

이망상심
하야 **離妄想心**하며

"불자들이여, 보살마하살이 생활에 필요한 모든 물건을 보시하되 아끼는 생각이 없고, 과보를 바라지도 않고, 세상의 부귀에 희망하는 바가 없으며, 망상의 마음을 여의었느니라."

십회향품 중에서 제6 수순견고일체선근회향의 60종 보시로 회향하는 내용은 세 권 반이나 된다. 그 60번째인 생활에 필요한 모든 물건을 보시하여 회향하는 내용이다. 보살이 생활에 필요한 모든 물건을 일체 중생에게 보시하되 아끼는 생각이 없고, 과보를 바라지도 않고, 세상의 부귀에도 아무런 바라는 바가 없다. 이것이 진정한 보살의 보시다.

선사유법　위욕이익일체중생　심관일
善思惟法호대 爲欲利益一切衆生하야 審觀一

체제법실성
切諸法實性하며

"법을 잘 생각하며, 일체 중생을 이익하게 하기 위하여 모든 법의 참성품을 자세히 관찰하느니라."

모든 법의 참성품을 깊이 관찰하면 보살은 중생을 위해 베풀고 나누고 보시하며 살게 된다. 모든 존재의 실상은 무상이며 무아며 공이기 때문이다.

수제중생　종종부동　소용소구　각각차별
隨諸衆生의 種種不同과 所用所求가 各各差別

성판무량자생지구　소유엄식　실개묘호
하야 成辦無量資生之具호대 所有嚴飾이 悉皆妙好

행무변시　행일체시　진내외시
하야 行無邊施하며 行一切施하며 盡內外施하나니

"모든 중생이 가지가지로 다르고 작용과 요구가 제각기 다름을 따라서 생활에 필요한 한량없는 도구를 마련하는데, 꾸미고 장엄하는 바가 모두 아름답고 묘한 것으로써 끝없는 보시를 행하며, 온갖 보시를 행하여 안팎 것을 모두 다 보시하느니라."

행차시시　증지락력　획대공덕　성취
行此施時에 **增志樂力**하고 **獲大功德**하야 **成就**

심보　상능수호일체중생　개령발생수승
心寶하며 **常能守護一切衆生**하야 **皆令發生殊勝**

지원　초미증유구반보심　소유선근　등삼
志願호대 **初未曾有求反報心**이요 **所有善根**이 **等三**

세불　실이원만일체종지
世佛하야 **悉以圓滿一切種智**니라

"이런 보시를 행할 적에 좋아하는 생각이 증장하고 큰 공덕을 얻어서 마음의 보배를 성취하며, 일체 중생을 항상 수호하여 수승한 원願을 내게 하면서도 처음부터 보답을 바라는 마음이 없느니라. 지은 선근은 삼세의 부처님과 평등하여 그것으로 온갖 것을 아는 지혜를 원만하게 하느니라."

보살이 중생을 위해 보시를 행할 적에 좋아하는 생각이 더욱 증장하고 큰 공덕을 얻어서 마음의 보배를 성취하며 일체 중생을 항상 수호하게 된다. 이것이 보살이 보시하는 기쁨이며 보람이다. 아래에는 보시하여 회향하는 원을 열거하였다.

불자 보살마하살 이차보시소유선근
佛子야 **菩薩摩訶薩**이 **以此布施所有善根**으로

회향중생
廻向衆生하나니

"불자들이여, 보살마하살이 이렇게 보시하여 생기는 선근으로 중생에게 회향하느니라."

원일체중생 청정조복
願一切衆生이 **淸淨調伏**하며

"'원컨대 일체 중생이 청정하게 조복하여지이다.'라고 하느니라."

원일체중생 멸제번뇌 엄정일체제불찰
願一切衆生이 滅除煩惱하고 嚴淨一切諸佛刹

토
土하며

"'원컨대 일체 중생이 번뇌를 제멸除滅하고 일체 모든 부처님의 세계를 아름답게 장엄하여지이다.' 라고 하느니라."

원일체중생 이청정심 어일념중 주변
願一切衆生이 以清淨心으로 於一念中에 周徧

법계
法界하며

"'원컨대 일체 중생이 청정한 마음으로 잠깐 동안에 법계에 두루 하여지이다.' 라고 하느니라."

원일체중생 지혜충만허공법계
願一切衆生이 智慧充滿虛空法界하며

"'원컨대 일체 중생의 지혜가 허공과 법계에 충만하

여지이다.' 라고 하느니라."

원일체중생　득일체지　보입삼세　조
願一切衆生이 **得一切智**하야 **普入三世**하야 **調**

복중생　어일체시　상전청정불퇴법륜
伏衆生하고 **於一切時**에 **常轉清淨不退法輪**하며

"'원컨대 일체 중생이 온갖 지혜를 얻고 삼세에 널리 들어가서 중생을 조복하며, 어느 때나 항상 청정하고 물러나지 않는 법의 수레를 운전하여지이다.' 라고 하느니라."

원일체중생　구일체지　선능시현신통방
願一切衆生이 **具一切智**하야 **善能示現神通方**

편　요익중생
便하야 **饒益衆生**하며

"'원컨대 일체 중생이 온갖 지혜를 갖추고 신통과 방편을 잘 나타내어 중생들을 이익하게 하여지이다.' 라고 하느니라."

원일체중생 실능오입제불보리 진미래
願一切衆生이 悉能悟入諸佛菩提하야 盡未來

겁 어시방세계 상설정법 증무휴식
劫토록 於十方世界에 常說正法호대 曾無休息하야

영제중생 보득문지
令諸衆生으로 普得聞知하며

"'원컨대 일체 중생이 모든 부처님의 보리菩提에 깨달아 들어가서 오는 세월이 끝나도록 시방세계에서 항상 바른 법을 연설하여 쉬지 아니하며 모든 중생들로 하여금 널리 듣고 알게 하여지이다.' 라고 하느니라."

원일체중생 어무량겁 수보살행 실득
願一切衆生이 於無量劫에 修菩薩行하야 悉得

원만
圓滿하며

"'원컨대 일체 중생이 한량없는 겁劫에 보살의 행을 닦아 모두 원만하여지이다.' 라고 하느니라."

원일체중생 어일체세계 약염약정 약소
願一切衆生이 於一切世界의 若染若淨과 若小

약대 약추약세 약복약앙 혹일장엄 혹종
若大와 若麤若細와 若覆若仰과 或一莊嚴과 或種

종장엄 소가연설 재세계수 제세계중 수
種莊嚴의 所可演說인 在世界數한 諸世界中에 修

보살행 미부주변
菩薩行하야 靡不周徧하며

"'원컨대 일체 중생이 일체 세계에 물들었거나 깨끗하거나, 작거나 크거나, 굵거나 가늘거나, 엎어졌거나 잦혀졌거나, 한 가지로 장엄하였거나 가지가지로 장엄하였거나 간에 말할 수 있는 세계 수효 중의 여러 세계 가운데서 보살의 행行을 닦아 두루 하지 않은 데가 없어지이다.' 라고 하느니라."

원일체중생 어염념중 상작삼세일체불사
願一切衆生이 於念念中에 常作三世一切佛事

교화중생 향일체지
하야 敎化衆生하야 向一切智니라

"'원컨대 일체 중생이 생각 생각마다 삼세의 일체 불사佛事를 항상 지으면서 중생들을 교화하여 온갖 지혜에 향하여지이다.' 라고 하느니라."

여기까지 마지막 60번째 생활에 필요한 모든 물건을 보시하여 회향하는 원을 설하여 마쳤다. 일체 중생이 생각 생각마다 삼세의 일체 불사를 항상 지으면서 중생들을 교화하여 온갖 지혜에 향하기를 발원하였다.

불교에서는 보살의 제일 덕목을 보시라고 한다. 베풀고 나누라는 가르침을 얼마나 많이 들었던가. 수행은 반복하는 것이기 때문에 60종의 보시를 열거하면서 끊임없이 반복해서 듣고 생각하여 수행하는 법을 보여 주었다. 그래서 나누고 베푸는 일이 곧 불법임을 알게 된 것이다.

(7) 60종 보시의 선근 회향을 모두 맺다

불자 보살마하살 수제중생 일체소수
佛子야 **菩薩摩訶薩**이 **隨諸衆生**의 **一切所須**하야

이여시등아승지물　이위급시　　위령불법
以如是等阿僧祇物로 **而爲給施**하야 **爲令佛法**으로

상속부단
相續不斷하나니

"불자들이여, 보살마하살이 중생들의 일체 요구하는 바에 따라 이와 같이 아승지 물건을 보시하여 주느니라. 불법佛法으로 하여금 계속하여 끊어지지 않게 하기 위함이니라."

보살이 한 나라의 제왕이 되어 중생들의 일체 요구하는 바에 따라 이와 같이 아승지 물건을 보시하여 주고자 하는 것은 불법이 세상에서 계속하여 끊어지지 않게 하기 위함이다. 불법이 세상에 계속된다는 것은 일체 중생이 모든 존재의 실상을 바르게 깨달아 생명으로서의 가치와 보람을 한껏 누리게 하고자 하는 것이다. 그리고 그 씨앗은 곧 온갖 것을 베풀고 나누는 것으로부터 시작하기 때문이다.

베풀고 나누는 일은 씨앗이 됨과 동시에 결과가 된다. 위에서 밝힌 그 많고 많은 보시행을 실천하는 것은 모든 사람과 일체 생명이 본래로 부처님이라는 사실을 깨달아 서로서

로 부처님으로 받들어 섬기며 존중하고 찬탄하고 공경 공양하며 살자는 데 있기 때문이다.

대비보구일체중생 안주대자 수보살행 어불교회 종무위범 이교방편 수행중선
大悲普救一切衆生하며 安住大慈하야 修菩薩行하야 於佛教誨에 終無違犯하고 以巧方便으로 修行衆善하며

"대비大悲로 일체 중생을 널리 구호하며, 크게 인자한 데 머물러 보살의 행을 닦게 하며, 부처님께서 가르치신 말씀을 끝까지 어기지 아니하고, 교묘한 방법으로 여러 가지 선善한 일을 수행하느니라."

부단일체제불종성 수구실여 이무환염 일체실사 미증중회 상근회향일체
不斷一切諸佛種性하야 隨求悉與하고 而無患厭하야 一切悉捨호대 未曾中悔하고 常勤迴向一切

지 도
智道하나니라

"일체 모든 부처님의 종성種性을 끊이지 않게 하기 위하여 구하는 대로 보시하되 싫어하는 마음이 없고, 모든 것을 버리면서도 중간에 후회하는 일이 없으며, 온갖 지혜의 길로 부지런히 회향하느니라."

부처님의 종성種性이 끊이지 않는다는 것은 부처님께서 깨달으신 진리의 가르침이 이 세상에 영원히 계속된다는 뜻이다. 진리의 가르침이 세상에 영원히 계속된다는 것은 모든 사람과 일체 생명이 존재의 실상과 존재의 가치를 깨달아 한껏 누리게 하는 일이다.

(8) 환희한 마음으로 선지식을 대하듯 하다

시 시방국토 종종형류 종종취생 종종
時에 十方國土의 種種形類와 種種趣生과 種種

복전 개래집회 지보살소 종종구색
福田이 皆來集會하야 至菩薩所하야 種種求索이라도

보살　견이　보개섭수　심생환희　여견선
菩薩이 見已에 普皆攝受하야 心生歡喜호대 如見善

우
友하며

"이때에 시방세계의 갖가지 형상과 갖가지 갈래와 갖가지 복전이 모두 모여 보살에게 와서 갖가지로 달라는 것을 보살이 보고는 모두 거두어들이되, 환희한 마음으로 선지식을 친견한 것과 같이 하느니라."

만약 구걸하는 사람이 여러 가지 모습으로 와서 온갖 것을 다 요구하더라도 조금도 싫은 마음이 없고 오히려 늘 친견하고자 했던 큰 선지식을 친견한 듯이 대하는 것이 보살의 마음이다. 환희한 마음으로 무엇이나 다 드리는 것이다. 이 한마디 말로 중생의 아끼고 탐하는 마음을 치유해야 할 것이다.

대비애민　사만기원　사심증장　무유
大悲哀愍하야 思滿其願하며 捨心增長하야 無有

휴식 역불피염 수기소구 실령만족
休息하며 亦不疲厭하야 隨其所求하며 悉令滿足하야

이빈궁고
離貧窮苦하니라

"대비大悲로 불쌍하게 생각하고 그의 소원을 만족하게 하며, 보시하는 마음이 증장하여 쉬지도 않고 고달프지도 않으며, 구하는 대로 다 만족케 하여 빈궁한 고통을 여의게 하느니라."

보살의 중생을 어여삐 여기는 마음은 아무리 반복해서 강조하더라도 부족하다. 그러므로 이와 같이 길고 긴 문장으로 이렇게 설명하고 저렇게 설명하여 우리들의 의식 속에 깊이 스며들게 하는 것이다. 미혹하고 애착이 많은 중생들은 보시의 가르침이 아무리 많더라도 반복해서 읽고 또 읽어야 할 것이다.

(9) 보살이 칭찬하는 소문을 듣고 기뻐하다

시제걸자 심대흔경 전갱칭전 찬양기
時諸乞者가 **心大欣慶**하야 **轉更稱傳**하야 **讚揚其**

덕 미성하포 실래귀왕 보살 견이
德에 **美聲遐布**하야 **悉來歸往**이라도 **菩薩**이 **見已**하고

환희무량
歡喜無量이라

"이때에 모든 구걸하는 이들이 마음에 크게 기뻐서 소문을 전하여 칭찬하며 그 덕을 찬탄하여 아름다운 소문이 멀리까지 퍼져서 여러 곳에서 다 돌아오거늘, 보살이 보고는 한량없이 환희하느니라."

구걸하는 사람들이 보시하는 보살에게서 필요한 것을 마음껏 얻고는 곳곳을 다니면서 자랑하여 소문을 퍼뜨린다. 그 소문을 들은 또 많은 사람들이 다시 보시하는 보살에게로 와서 구걸하려 한다. 그것을 본 보살은 기쁨이 한량이 없다. 그 기쁨을 아래에 여러 천상의 즐거움과 비교하여 설명하였다.

가사백천억나유타겁 수제석락 무수겁
假使百千億那由他劫에 **受帝釋樂**하며 **無數劫**에

수야마천락 무량겁 수도솔타천락 무변
受夜摩天樂하며 **無量劫**에 **受兜率陀天樂**하며 **無邊**

겁 수선변화천락 무등겁 수타화자재천
劫에 **受善變化天樂**하며 **無等劫**에 **受他化自在天**

락
樂하며

"설사 백천억 나유타 겁劫에 제석천의 낙樂을 받거나, 무수한 겁에 야마천의 낙을 받거나, 한량없는 겁에 도솔천의 낙을 받거나, 그지없는 겁에 화락천化樂天의 낙을 받거나, 비할 데 없는 겁에 타화자재천의 낙을 받거나,

불가수겁 수범왕락 불가칭겁 수전륜
不可數劫에 **受梵王樂**하며 **不可稱劫**에 **受轉輪**

왕 왕삼천락 불가사겁 수변정천락 불
王의 **王三千樂**하며 **不可思劫**에 **受徧淨天樂**하며 **不**

가설겁 수정거천락 실불능급
可說劫에 **受淨居天樂**이라도 **悉不能及**하야

셀 수 없는 겁에 범천梵天의 낙을 받거나, 일컬을 수 없는 겁에 전륜왕이 삼천 국토를 통치[王]하는 낙을 받거나, 생각할 수 없는 겁에 변정천의 낙을 받거나, 말할 수 없는 겁에 정거천의 낙을 받는 것으로는 미칠 수 없느니라."

일반적으로 가장 즐거운 낙을 누리는 것을 천상의 낙이라고 한다. 그런데 보살이 구걸하는 사람들이 몰려오는 모습을 보고 즐거워하는 것을 하나도 아닌 그 여러 천상의 낙과 도저히 비교할 수 없음을 낱낱이 밝혔다. 자신의 소유물을 가지려고 오는 사람들을 보고 이렇게 기뻐하다니 어찌 이와 같은 일이 있을 수 있으며, 어찌 이와 같은 생각을 할 수 있겠는가. 참으로 감탄을 다할 수 없다.

보살마하살 견걸자래 환희애락 흔경
菩薩摩訶薩이 見乞者來에 歡喜愛樂하고 欣慶

용약 신심증장 지락청정 제근조순
踊躍하며 信心增長하고 志樂淸淨하며 諸根調順하고

신 해 성 만　　내 지 증 진 제 불 보 리
信解成滿하며 乃至增進諸佛菩提니라

"보살마하살이 구걸하는 이가 오는 것을 보고는 환희하여 좋아하고, 기뻐 뛸 듯하여 신심信心이 증장하고, 생각이 청정하고, 여러 근根이 조복되고, 믿고 이해함이 만족하며, 내지 모든 부처님의 보리가 증진하느니라."

보살이 자신의 물건을 구걸하러 오는 것을 보고는 환희하여 좋아하고, 나아가서는 자신에게 부처님의 보리가 증진하게 되었다고 하였다. 보살에게 구걸하러 오는 사람의 마음이 만족한 것은 곧 자신의 마음이 만족한 것이다. 이미 나와 남의 차별이 사라져서 혼연일체가 된 경지이다.

(10) 모든 선근은 중생의 이익과 안락을 위해 회향한다

불 자　보 살 마 하 살　이 차 선 근　　위 욕 이 익
佛子야 菩薩摩訶薩이 以此善根으로 爲欲利益

일 체 중 생 고　　회 향　　위 욕 안 락 일 체 중 생 고
一切衆生故로 廻向하며 爲欲安樂一切衆生故로

회 향
廻向하며

"불자들이여, 보살마하살이 이러한 선근으로써 일체 중생을 이익케 하려고 회향하며, 일체 중생을 안락케 하려고 회향하느니라."

위 령 일 체 중 생 　 득 대 의 리 고 　 회 향 　 위
爲令一切衆生으로 **得大義利故**로 **廻向**하며 **爲**
령 일 체 중 생 　 실 득 청 정 고 　 회 향
令一切衆生으로 **悉得清淨故**로 **廻向**하며

"일체 중생으로 하여금 큰 이치와 이익을 얻게 하려고 회향하며, 일체 중생으로 하여금 모두 청정을 얻게 하려고 회향하느니라."

위 령 일 체 중 생 　 실 구 보 리 고 　 회 향 　 위
爲令一切衆生으로 **悉求菩提故**로 **廻向**하며 **爲**
령 일 체 중 생 　 실 득 평 등 고 　 회 향
令一切衆生으로 **悉得平等故**로 **廻向**하며

"일체 중생으로 하여금 모두 보리를 구하게 하려고 회향하며, 일체 중생으로 하여금 모두 평등을 얻게 하려고 회향하느니라."

위령일체중생　　실득현선심고　　회향
爲令一切衆生으로 悉得賢善心故로 廻向하며
위령일체중생　　실입마하연고　　회향
爲令一切衆生으로 悉入摩訶衍故로 廻向하며

"일체 중생으로 하여금 모두 어질고 선한 마음을 얻게 하려고 회향하며, 일체 중생으로 하여금 모두 대승大乘에 들게 하려고 회향하느니라."

위령일체중생　　실득현선지혜고　　회향
爲令一切衆生으로 悉得賢善智慧故로 廻向하며
위령일체중생　　실구보현보살행원　　만십
爲令一切衆生으로 悉具普賢菩薩行願하야 滿十
력승　　현성정각고　　회향
力乘하야 現成正覺故로 廻向하나니라

"일체 중생으로 하여금 모두 어질고 선한 지혜를 얻게 하려고 회향하며, 일체 중생으로 하여금 모두 보현보살의 행行과 원願을 갖추고 십력十力의 법[乘]을 만족하여 지금 있는 그대로가 바른 깨달음[現成正覺]인 까닭에 회향하느니라."

보살이 선근을 닦아 회향하는 목적을 열 가지를 들어 밝혔다. 그중에 마지막 구절이 특별히 유의할 내용이어서 부연한다.

제목에서 선근으로 회향하는 것은 일체 중생의 이익과 안락을 위한 것이라고 하였으나 실은 "일체 중생으로 하여금 모두 보현보살의 행行과 원願을 갖추고 십력十力의 법[乘]을 만족하여 지금 있는 그대로가 바른 깨달음[現成正覺]인 까닭에 회향한다."고 하였다. 즉 일체 중생들이 지금 그대로가 보현보살이며, 지금 그대로가 열 가지 힘을 갖춘 부처님이며, 지금 그대로[現成]가 바른 깨달음[正覺]인 까닭에 회향한다는 뜻이다.

선불교에서 지금 이 순간 사람들의 삶 그대로가 화두話頭라는 뜻의 현성공안現成公案과 같이 지금 이 순간 모든 중생들의 삶 그대로가 바른 깨달음이다. 실로 지금 이 순간 모든 사람들의 삶을 떠나서 달리 무슨 바른 깨달음이 있겠는가. 지금 이 순간의 삶을 떠나서 다시 어디 가서 정각을 찾을 것이며 부처의 삶을 누리겠는가. 과연 화엄경이다. 과연 천하제일경이다. 과연 우주제일경이다. 선가禪家의 현성공안現成公案의 출처가 바로 이곳이다. 천상천하에 둘도 없는 화엄경이다.

(11) 이상회향離相廻向을 밝히다

불자 보살마하살 이제선근 여시회향
佛子야 **菩薩摩訶薩**이 **以諸善根**으로 **如是廻向**

시 신구의업 개실해탈 무착무계
時에 **身口意業**이 **皆悉解脫**하야 **無着無繫**하며

"불자들이여, 보살마하살이 모든 선근으로 이와 같이 회향할 때에 몸과 입과 뜻으로 짓는 업이 모두 해탈하여 집착도 없고 속박도 없느니라."

이상회향離相廻向, 즉 선근을 닦아 회향하되 모든 상을 멀리 떠나서 일체 상이 없는 내용을 밝혔다. 몸과 입과 뜻으로

짓는 업이 모두 해탈한 경지에 다시 무엇을 말하겠는가. 부처도 없고 중생도 없고, 너도 없고 나도 없다는 등이다.

무중생상 무명자상 무보특가라상
無衆生想하며 無命者想하며 無補特伽羅想하며

무인상 무동자상 무생자상 무작자상
無人想하며 無童子想하며 無生者想하며 無作者想하며

무수자상
無受者想하며

"중생이란 생각도 없고, 오래 산다는 생각도 없고, 보특가라補特伽羅[1]라는 생각도 없고, 사람이라는 생각도 없고, 동자라는 생각도 없고, 생겨난 이란 생각도 없고, 짓는 이란 생각도 없고, 받는 이란 생각도 없느니라."

---

1) 푸드갈라의 음역. 생사윤회를 거듭하면서 여러 취趣를 거듭하여 왕래하는 것을 가리키며, 특히 인간의 정신적 주체를 뜻한다. 부특가라富特伽羅, 복가라福伽羅, 보가라補伽羅, 부가라富伽羅, 불가라弗伽羅, 부특가야富特伽耶, 인人, 중생衆生, 삭취취數取趣 등으로 표현한다.

무유상 무무상 무금세후세상 무사
無有想하며 無無想하며 無今世後世想하며 無死

차생피상 무상상 무무상상 무삼유상
此生彼想하며 無常想하며 無無常想하며 無三有想

무무삼유상 비상 비비상
하며 無無三有想하며 非想이며 非非想이니

"있다는 생각도 없고 없다는 생각도 없으며, 이 세상과 오는 세상이란 생각도 없으며, 여기서 죽어 저기 난다는 생각도 없으며, 항상하다는 생각도 없고 무상無常하다는 생각도 없으며, 삼유三有라는 생각도 없고 삼유가 없다는 생각도 없으며, 생각도 아니고 생각 아닌 것도 아니니라."

선근으로 이와 같이 회향할 때에 몸과 입과 뜻으로 짓는 업이 모두 해탈하여 집착도 없고 속박도 없으므로 중생이란 생각도 없고, 오래 산다는 생각도 없고, 있다는 생각도 없고 없다는 생각도 없는 등으로 모든 존재에서 멀리 벗어난 것이다. 이것이 진정 상을 떠난 회향이다.

여시비박회향　　비박해회향　　비업회향
如是非縛迴向이며 **非縛解迴向**이며 **非業迴向**이며

비업보회향　　비분별회향
非業報迴向이며 **非分別迴向**이며

"이와 같이 속박이 아닌 것으로 회향하며, 속박을 푼 것이 아닌 것으로 회향하며, 업業이 아닌 것으로 회향하며, 업의 과보果報가 아닌 것으로 회향하며, 분별이 아닌 것으로 회향하느니라."

비무분별회향　　비사회향　　비사이회향
非無分別迴向이며 **非思迴向**이며 **非思已迴向**이며

비심회향　　비무심회향
非心迴向이며 **非無心迴向**이니라

"분별없음이 아닌 것으로 회향하며, 생각이 아닌 것으로 회향하며, 생각하여 마침이 아닌 것으로 회향하며, 마음이 아닌 것으로 회향하며, 마음 없음이 아닌 것으로 회향하느니라."

열 구절로 다섯 가지 뜻을 상대하여 회향의 행行이 성취

됨을 나타내었다. 진정한 선근 회향은 어디에도 걸리거나 속박이 되어서는 안 된다. 그래서 "마음이 아닌 것으로 회향하며, 마음 없음이 아닌 것으로 회향한다."고 하였다.

(12) 선근을 회향하여 일체 집착을 떠나다

불자 보살마하살 여시회향시 불착내
佛子야 **菩薩摩訶薩**이 **如是廻向時**에 **不着內**하고

불착외 불착능연 불착소연 불착인
不着外하며 **不着能緣**하고 **不着所緣**하며 **不着因**하고

불착과
不着果하며

"불자들이여, 보살마하살이 이와 같이 회향할 때에 안에도 집착하지 않고, 밖에도 집착하지 않으며, 반연함에도 집착하지 않고, 반연할 것에도 집착하지 않으며, 인因에도 집착하지 않고, 과果에도 집착하지 않느니라."

불착법 불착비법 불착사 불착비사
不着法하고 不着非法하며 不着思하고 不着非思

불착색 불착색생 불착색멸 불착
하며 不着色하고 不着色生하고 不着色滅하며 不着

수상행식 불착수상행식생 불착수상행
受想行識하고 不着受想行識生하고 不着受想行

식멸
識滅이니라

"법에도 집착하지 않고, 법 아닌 데도 집착하지 않으며, 생각에도 집착하지 않고, 생각 아닌 데도 집착하지 않으며, 색色에도 집착하지 않고, 색이 나는 데도 집착하지 않고, 색이 멸하는 데도 집착하지 않으며, 수受 상想 행行 식識에도 집착하지 않고, 수 상 행 식이 나는 데도 집착하지 않고, 수 상 행 식이 멸하는 데도 집착하지 않느니라."

보살이 제왕이 되어 중생들에게 일체를 다 보시하고, 다시 그 선근을 회향하는 길에 무슨 집착이 있겠는가. 낱낱 일에 그 무엇도 집착하지 않는 내용을 일일이 다 밝혔다.

(13) 집착하지 않으므로 속박되지 않는다

佛子(불자)야 菩薩摩訶薩(보살마하살)이 若能於此諸法(약능어차제법)에 不着則(불착즉) 不縛色(불박색)하고 不縛色生(불박색생)하고 不縛色滅(불박색멸)하며 不縛受想行識(불박수상행식)하고 不縛受想行識生(불박수상행식생)하고 不縛受想行識滅(불박수상행식멸)하니라

"불자들이여, 보살마하살이 만일 능히 이러한 모든 법에 집착하지 않으면, 색色에도 속박되지 않고, 색이 나는 데도 속박되지 않고, 색이 멸하는 데도 속박되지 않고, 수 상 행 식에도 속박되지 않고, 수 상 행 식이 나는 데도 속박되지 않고, 수 상 행 식이 멸하는 데도 속박되지 않느니라."

집착하지 않으므로 속박되지 않음을 집착하지 않는 내용을 이어서 밝혔다.

(14) 일체 법을 바르게 관찰하다

약 능 어 차 제 법 불 박 즉 역 어 제 법 불 해
若能於此諸法에 **不縛則亦於諸法**에 **不解**하리니

하 이 고 무 유 소 법 약 현 생 약 이 생 약 당 생
何以故오 **無有少法**도 **若現生若已生若當生**이라

무 법 가 취 무 법 가 착 일 체 제 법 자 상 여 시
無法可取며 **無法可着**이니 **一切諸法**이 **自相如是**하야

무 유 자 성 자 성 상 리
無有自性하야 **自性相離**니라

"만약 이 모든 법에 능히 속박되지 않으면 곧 또한 모든 법에 해탈하지도 않을 것이니라. 그 까닭을 말하면, 조그만 법도 지금 나거나 이미 났거나 장차 날 것이 없으므로 법을 취할 수도 없고 법에 집착할 수도 없나니, 일체 모든 법에 제 모양이 이와 같으며, 제 성품이 없나니 스스로의 성품과 모양을 여의었느니라."

"모든 법에 능히 속박되지 않으면 곧 또한 모든 법에 해탈하지도 않을 것이다." 이것이 일체 법을 바르게 관찰하는 것이다. 또한 "조그만 법도 지금 나거나 이미 났거나 장차

날 것이 없으므로 법을 취할 수도 없고 법에 집착할 수도 없다."고 한 것은 일체 현상이 거짓으로 존재하기 때문이다.

비일비이 비다비무량 비소비대 비협
非一非二며 **非多非無量**이며 **非小非大**며 **非狹**
비광 비심비천 비적정비희론 비처비
非廣이며 **非深非淺**이며 **非寂靜非戲論**이며 **非處非**
비처 비법비비법 비체비비체 비유비비
非處며 **非法非非法**이며 **非體非非體**며 **非有非非**
유
有니라

"하나도 아니고 둘도 아니며, 여럿도 아니고 무량한 것도 아니며, 작은 것도 아니고 큰 것도 아니며, 좁은 것도 아니고 넓은 것도 아니며, 깊은 것도 아니고 얕은 것도 아니며, 고요한 것도 아니고 희론戲論거리도 아니며, 옳은 곳도 아니고 그른 곳도 아니며, 옳은 법도 아니고 그른 법도 아니며, 자체도 아니고 자체가 아닌 것도 아니며, 있는 것도 아니고 있지 않는 것도 아니니라."

일체 법을 바르게 관찰하면 모든 존재의 실상은 실로 눈에 보이는 것과는 달리 "하나도 아니고 둘도 아니며, 여럿도 아니고 무량한 것도 아니며, 작은 것도 아니고 큰 것도 아니며, 좁은 것도 아니고 넓은 것도 아닌 등"이다. 그러나 앞에 나타난 현상으로서의 일체 법은 하나며, 둘이며, 여럿이며, 무량한 것이며, 작은 것이며, 큰 것 등이다. 이와 같이 양면으로 보는 것이 일체 법을 바르게 관찰하는 것이다.

보살 여시관찰제법 즉위비법 어언
菩薩이 如是觀察諸法하면 則爲非法이나 於言

어중 수세건립 비법위법 부단제업도
語中에 隨世建立하면 非法爲法하야 不斷諸業道하고

불사보살행 구일체지 종무퇴전
不捨菩薩行하야 求一切智하야 終無退轉하며

"보살이 이와 같이 모든 법을 관찰하면 곧 법이 아닌 것이 되거니와, 말로써 세상을 따라 건립建立하면 법이 아닌 것이 곧 법이 되나니, 모든 업業의 도道를 끊지 아니하고 보살의 행을 버리지 않으면서 온갖 지혜를 구하여 마침내 퇴전함이 없으리라."

보살이 위와 같이 모든 법을 관찰하면 고정된 법이 없게 된다. 즉 진제眞諦는 속제俗諦에 의한 진제요, 속제는 진제에 의한 속제가 된다. 다시 말하면 현상과 본질은 서로 넘나들면서 상황에 따라 현상도 되고 본질도 되는 이치이다. 여기서 진제는 본질이며 속제는 현상이다.

요지일체업연여몽　음성여향　중생여영
了知一切業緣如夢과 音聲如響과 衆生如影과
제법여환　이역불괴인연업력　요지제업
諸法如幻호대 而亦不壞因緣業力하야 了知諸業이
기용광대　해일체법　개무소작　행무작도
其用廣大하며 解一切法이 皆無所作이나 行無作道
미증잠폐
하야 未曾暫廢니라

"일체 업의 인연은 꿈과 같고, 음성은 메아리와 같고, 중생은 그림자와 같고, 모든 법은 요술과 같음을 알지

마는, 그러나 또한 인연과 업의 힘을 무너뜨리지 않느니라. 모든 업은 그 작용이 광대한 줄을 알며, 일체 법이 하나도 짓는 일이 없음을 이해하나 지음이 없는 도道를 행하여 잠깐도 폐하지 않느니라."

사람의 인연과 업과 음성과 중생이라는 등의 모든 법은 꿈과 같고 메아리와 같고 그림자와 같고 요술과 같음을 알지만 그렇다고 해서 그 모든 것을 부정하지는 않는다. 본질에서 볼 때 모두가 허망하고 무상하다고 해서 그 현상을 부정하면 본질도 또한 존재하지 않는다. 현상과 본질의 양면을 깊이 이해하여 서로 걸림이 없이 원융하게 조화를 이루어야 한다. 이것이 어디에도 치우치지 않는 중도적 삶이다.

불자 차보살마하살 주일체지 약처비

佛子야 **此菩薩摩訶薩**이 **住一切智**일새 **若處非**

처 보개회향일체지성 어일체처 개실회

處에 **普皆廻向一切智性**하며 **於一切處**에 **皆悉廻**

향 무유퇴전
向하야 無有退轉하나니라

"불자들이여, 보살마하살이 온갖 지혜에 머무르고는 옳은 곳이나 그른 곳이나 간에 모두 온갖 지혜의 성품으로 회향하는 것이며, 모든 곳에 두루 회향하여 퇴전함이 없느니라."

결론적으로 중도적 원융한 삶을 밝힌 내용이다.

(15) 회향이라는 이름의 뜻을 밝히다

이하의고 설명회향 영도세간 지어피
以何義故로 說名廻向고 永度世間하야 至於彼

안 고명회향 영출제온 지어피안 고
岸일새 故名廻向이며 永出諸蘊하야 至於彼岸일새 故

명회향 도언어도 지어피안 고명회향
名廻向이며 度言語道하야 至於彼岸일새 故名廻向이며

"무슨 뜻으로 회향廻向이라 이름 하는가. 영원히 세간世間을 제도하여 저 언덕에 이르게 하므로 회향이라 하며, 여러 가지 쌓인[諸蘊] 데서 영원히 뛰어나 저 언덕에 이르게 하므로 회향이라 하며, 언어의 길을 지나서 저 언덕에 이르게 하므로 회향이라 하느니라."

이종종상　　지어피안　　고명회향　　영단
離種種想하야 至於彼岸일새 故名廻向이며 永斷
신견　　지어피안　　고명회향　　영리의처
身見하야 至於彼岸일새 故名廻向이며 永離依處하야
지어피안　　고명회향
至於彼岸일새 故名廻向이며

"갖가지 생각을 떠나서 저 언덕에 이르게 하므로 회향이라 하며, 길이 몸이라는 소견을 끊어서 저 언덕에 이르게 하므로 회향이라 하며, 의지한 곳을 아주 여의어 저 언덕에 이르게 하므로 회향이라 하느니라."

영절소작　　지어피안　　고명회향　　영출
永絶所作하야 至於彼岸일새 故名廻向이며 永出

제유　　지어피안　　고명회향　　영사제취
諸有하야 至於彼岸일새 故名廻向이며 永捨諸取하야

지어피안　　고명회향　　영출세법　　지어피
至於彼岸일새 故名廻向이며 永出世法하야 至於彼

안　　고명회향
岸일새 故名廻向이니라

"짓는 일을 영원히 끊고 저 언덕에 이르게 하므로 회향이라 하며, 모든 유有에서 영원히 뛰어나 저 언덕에 이르게 하므로 회향이라 하며, 모든 취取를 영원히 버리고 저 언덕에 이르게 하므로 회향이라 하며, 세상 법을 영원히 떠나서 저 언덕에 이르게 하므로 회향이라 하느니라."

회향이라는 이름의 뜻을 열 가지로 밝혔다. 한결같이 저 언덕에 이르게 하는 것이 회향의 주된 뜻이다. 만약 어떤 선근을 닦아서 회향하더라도 저 언덕에 이르지 못하면 그것은 곧 회향이 될 수 없다.

저 언덕에 이르므로 회향이라고 이름 하는 것을 청량스님은 자세히 부연하였다. "1은 세상의 이利, 쇠衰, 훼毁, 예譽, 칭

稱, 기譏, 고苦, 락樂이라는 여덟 가지 법을 지나 부동의 언덕에 이르고, 2는 나와 나의 것을 초월하여 해탈의 언덕에 이르고, 3은 망상의 마음작용[尋伺]을 떠나 실제實際의 언덕에 이르고, 4는 모든 생각을 소멸하고 진실한 지혜의 언덕에 이르고, 5는 번뇌의 근본을 떠나서 남음이 있는 열반의 언덕에 이르고, 6은 고통이 몸을 의지하고 있음을 떠나서 남음이 없는 열반의 언덕에 이르고, 7은 일체의 업을 벗어나서 베풂이 평등한 언덕에 이르고, 8은 삼계를 벗어나서 무주열반의 언덕에 이르고, 9는 유루有漏를 다한 후 법신의 언덕에 이르고, 10은 생주이멸을 벗어나서 자각성지自覺聖智의 언덕에 이르는 것이다."[2]

2) 一. 過世八法至不動岸. 二. 度我我所至解脫岸. 三. 離尋伺至實際岸. 四. 滅盡諸想至實智岸. 五. 離煩惱本至有餘岸. 六. 離苦依身至無餘岸. 七. 出一切業至施等岸. 八. 出三界至無住涅槃岸. 九. 盡有漏至法身岸. 十. 出生住滅見至自覺聖智岸.〈抄〉利, 衰, 毁, 譽, 稱, 譏, 苦, 樂, 此之八法即世間法.

(16) 회향하여 머무는 곳을 밝히다

불자 보살마하살 여시회향시 즉위수순
佛子야 **菩薩摩訶薩**이 **如是廻向時**에 **則爲隨順**

불주 수순법주 수순지주 수순보리주 수
佛住며 **隨順法住**며 **隨順智住**며 **隨順菩提住**며 **隨**

순의주 수순회향주 수순경계주 수순행주
順義住며 **隨順廻向住**며 **隨順境界住**며 **隨順行住**며

수순진실주 수순청정주
隨順眞實住며 **隨順淸淨住**니라

"불자들이여, 보살마하살이 이렇게 회향할 때에 곧 부처님을 수순하여 머물며, 법을 수순하여 머물며, 지혜를 수순하여 머물며, 보리를 수순하여 머물며, 이치를 수순하여 머물며, 회향을 수순하여 머물며, 경계를 수순하여 머물며, 행을 수순하여 머물며, 진실을 수순하여 머물며, 청정을 수순하여 머무느니라."

보살이 선근을 닦아 회향할 때에 부처님과 법과 지혜와 보리 등 열 가지 법을 수순하여 머무는 곳을 밝혔다. 선근으로 크게 회향하는 사람이 갈 곳이 어디며 살 곳이 어디겠는가. 당연히 위와 같은 열 가지 곳이리라.

(17) 회향하는 것이 일체 법을 통달함이다

불자 보살마하살 여시회향 즉위요달
佛子야 菩薩摩訶薩이 如是廻向하면 則爲了達

일체제법 즉위승사일체제불 무유일불
一切諸法이며 則爲承事一切諸佛이라 無有一佛도

이불승사 무유일법 이불공양
而不承事며 無有一法도 而不供養이며

"불자들이여, 보살마하살이 이와 같이 회향하는 것이 곧 일체 법을 분명히 통달함이며, 일체 모든 부처님을 받들어 섬김이니, 한 부처님도 섬기지 아니함이 없으며, 한 법도 공양하지 아니함이 없느니라."

무유일법 이가멸괴 무유일법 이가괴위
無有一法도 而可滅壞며 無有一法도 而可乖違며

무유일물 이가탐착 무유일법 이가염리
無有一物도 而可貪着이며 無有一法도 而可厭離며

불견내외일체제법 유소멸괴 위인연도
不見內外一切諸法이 有少滅壞하야 違因緣道며

법 력 구 족 무 유 휴 식
法力具足하야 **無有休息**이니라

“한 법도 파괴할 수 없고, 한 법도 어길 수 없으며, 한 물건도 탐할 것이 없고, 한 법도 싫을 것이 없으며, 안과 밖에 있는 일체 모든 법이 조금도 파괴되거나 인연의 도리를 어김을 보지 아니하며, 법력이 구족하여 쉬지 아니하느니라.”

견고한 일체 선근을 해석하였다. 선근이 견고하다는 것은 일체 법을 분명히 통달하며 일체 모든 부처님을 받들어 섬기는 등등이 결정된 것이다.

불 자 시 위 보 살 마 하 살 제 육 수 순 견 고 일
佛子야 **是爲菩薩摩訶薩**의 **第六隨順堅固一**

체 선 근 회 향
切善根廻向이니라

“불자들이여, 이것이 보살마하살의 제6 견고한 일체 선근을 수순하는 회향이니라.”

제6 수순견고일체선근회향隨順堅固一切善根廻向의 장문이 끝나고 이제 게송으로 이어진다. 수순견고일체선근회향은 오직 베풀고 나누고 보시하여 회향하는 내용으로 일관하였다. 거듭 말하거니와 이 회향에서 볼 때 불법이란 오로지 보시하는 일이며, 보시하는 일이 곧 진정한 불법이다.

(18) 회향의 지위를 밝히다

보살마하살 주차회향시 상위제불지소
菩薩摩訶薩이 住此廻向時에 常爲諸佛之所

호념 견고불퇴 입심법성
護念하야 堅固不退하며 入深法性하야

"보살마하살이 이 회향에 머물 때에 항상 모든 부처님들의 호념하심이 되며, 견고하고 물러나지 아니하여 깊은 법의 성품에 들어가며,

수일체지 수순법의 수순법성 수순
修一切智하며 隨順法義하며 隨順法性하며 隨順

일체견고선근　수순일체원만대원　구족
一切堅固善根하며 隨順一切圓滿大願하며 具足

수순견고지법　일체금강　소불능괴　어제
隨順堅固之法하야 一切金剛의 所不能壞라 於諸

법중　이득자재
法中에 而得自在니라

일체 지혜를 닦아서 법의 뜻을 수순하고, 법의 성품을 수순하며, 일체의 견고한 선근을 수순하며, 일체의 원만한 큰 서원을 수순하며, 견고한 법을 구족하게 수순하며, 모든 금강金剛으로도 깨뜨릴 수 없으며, 모든 법 가운데서 자재함을 얻느니라."

이 회향廻向의 지위는 수순과 떠남이 둘이 아니라는 것을 밝혔다. 그러나 그 가운데서 수순함을 더욱 명확히 하였다. 그래서 수순견고일체선근회향이다.

(19) 금강당보살이 게송을 설하다

1〉 게송을 설하는 인연을 말하다

이시 금강당보살 관찰시방 관찰중회
爾時에 **金剛幢菩薩**이 **觀察十方**하며 **觀察衆會**하며

관찰법계이 입어자구심심지의 수
觀察法界已하시고 **入於字句甚深之義**하며 **修**

습무량광대지심 이대비심 보부세간
習無量廣大之心하며 **以大悲心**으로 **普覆世間**하며

장거래금불종성심
長去來今佛種性心하며

그때에 금강당보살이 시방을 관찰하고 모인 대중들을 관찰하며 법계를 관찰하고 나서 글귀의 심히 깊은 뜻에 들어갔습니다. 무량하고 광대한 마음을 닦고, 대비심大悲心으로 두루 세간을 덮고, 과거 미래 현재의 부처님 종성種性의 마음을 기르며,

입어일체제불공덕 성취제불자재력신
入於一切諸佛功德하며 **成就諸佛自在力身**하며

관제중생심지소락 수기선근소가성숙
觀諸衆生心之所樂하며 **隨其善根所可成熟**하며

의법성신 위현색신 승불신력 이설송언
依法性身하야 **爲現色身**하고 **承佛神力**하야 **而說頌言**

하사대

일체 모든 부처님의 공덕에 들어가서 모든 부처님의 자재하신 몸을 성취하며, 모든 중생들의 마음에 좋아함을 살피고 성숙할 수 있는 선근을 따라서 법성의 몸[法性身]을 의지하여 색신色身을 나타내고, 부처님의 신력을 받들어 게송으로 설하였습니다.

길고 긴 제6 수순견고일체선근회향의 장문이 끝나고 금강당보살이 게송으로 간추려 거듭 설하게 되었다. 모든 수행은 반복 학습에서 이뤄진다. 관세음보살을 줄기차게 반복하거나 지장보살을 끝없이 반복해서 부르는 것도 그 보살들과 같이 되고자 하는 반복 학습이다. "신야자神也者 불과습자지문不過習者之門."이라 하였다. 즉 신묘한 경지에 이른 사람도 반복하는 사람의 문 앞을 지나가지 못한다는 뜻이다. 수천만 번을 반복함으로 신의 경지에 이른 것이다. 일체

수행이나 학문이나 언어나 기술이나 온갖 예술이 다 그렇다. 천재는 노력하는 사람을 이길 수 없다. 또한 "천재는 99%의 노력과 1%의 영감으로 이루어진다."고 하지 않던가. 선근을 닦고 보시하고 베풀고 나누는 일도 세 권 반이나 되는 책을 통해서 수천 번을 반복해서 읽다 보면 어느 정도 알게 되기 때문이다.

게송을 설하기 전에 이 화엄경을 편집하고 결집한 경가經家, 즉 아난존자가 게송을 설하게 된 인연을 설하는 형식을 취하고 있다. 이 내용은 금강당보살의 말씀도 아니고 부처님의 말씀도 아니다. 다만 경가가 사이사이에 경문을 아름답게 연결하는 역할을 하는 것으로 짜였다. 그러나 그 내용은 모두 금강당보살이 안으로 증득한 법이다. 아난존자의 법이 아니다. 아난존자의 법은 아니면서 아난존자가 금강당보살의 깨달음을 해설하고 있다. 모두가 혼연일체이기 때문이다. 누구의 설법이든 무슨 상관이랴. 법문을 듣는 사람은 오직 설법의 내용만 깨달으면 되는 것이다. 이것이 대승불교가 지향志向하는 바이다.

2〉 의지할 바의 몸을 말하다

보살현신작국왕　　어세위중최무등
菩薩現身作國王하야　於世位中最無等이라

복덕위광승일체　　보위군맹흥이익
福德威光勝一切하야　普爲群萌興利益이로다

보살이 몸을 나타내어 국왕이 되시니
세간의 지위에선 가장 높아 짝할 이 없고
복덕과 위엄과 광명이 모든 이를 능가하여
널리 중생들을 위해서 이익을 짓도다.

사람들의 피폐한 삶을 불쌍하게 생각하는 보살은 한 나라의 국왕이 되어 마음껏 보시를 행하고 싶어한다. 또 많은 사람들에게 이익이 되는 법을 세워 국가의 제도로써 구제하고 싶다. 비록 독재자의 소리를 듣더라도 모든 국민들이 정직하고 편안하게 살도록 가르치고 싶다. 이것이 중생을 위한 보살의 간절한 염원이다.

기 심 청 정 무 염 착 　　어 세 자 재 함 준 경
其心淸淨無染着하야 **於世自在咸遵敬**이라

홍 선 정 법 이 훈 인 　　보 사 중 생 획 안 은
弘宣正法以訓人하야 **普使衆生獲安隱**이로다

그 마음 청정하여 물들지 않고
세상에 자재하여 모두 다 공경하며
바른 법을 선전하여 가르치시니
널리 중생들로 하여금 안락을 얻게 하도다.

모든 존재의 본성은 공성이며, 그 공성에 무한한 공덕이 가득히 쌓여 있어서 필요에 따라 한없이 쏟아진다는 바른 이치를 가르친다. 즉 풍부하기는 만덕을 갖추었고[富有萬德] 텅 비어 없기로는 먼지 하나 없는[蕩無纖塵] 이치로서 중생들을 널리 안락하게 한다.

현 생 귀 족 승 왕 위 　　상 의 정 교 전 법 륜
現生貴族昇王位하야 **常依正教轉法輪**하니

품 성 인 자 무 독 학　　시 방 경 앙 개 종 화
稟性仁慈無毒虐이라　十方敬仰皆從化로다

귀족 중에 태어나 왕위에 오르시고
항상 바른 교법을 의지해 법륜을 굴리어
성품이 인자하고 해독害毒이 없으니
시방 중생이 우러러 교화를 따르도다.

보살이 중생을 구제하려는 서원의 힘으로 한 나라의 제왕이 되고, 그 제왕은 항상 정법으로 법륜을 굴리며, 성품이 인자하여 남을 해롭게 하려는 악하거나 독한 마음이 전혀 없다. 그래서 만 중생이 우러러 그의 교화를 따르는 것을 상상해 보자.

지 혜 분 별 상 명 료　　색 상 재 능 개 구 족
智慧分別常明了하고　色相才能皆具足이라
임 어 솔 토 미 부 종　　최 복 마 군 실 령 진
臨馭率土靡不從하니　摧伏魔軍悉令盡이로다

지혜로운 분별이 항상 명료하며

몸매와 재능이 모두 구족해
온 나라를 통치하니 모두 다 복종하여
마군을 쳐부수어 남김 없도다.

한 나라의 군주가 이와 같은 인품을 갖추고 나라를 통치한다면 복종하지 않을 백성이 어디에 있겠는가. 그렇다면 일본의 정치인들도 북한의 정치인들도 모두 감동하여 따르고 귀순할 것이다. 얼마나 기대되는 꿈인가.

견지정계무위범 결지감인부동요
堅持淨戒無違犯하며 **決志堪忍不動搖**하며
영원견제분에심 상락수행제불법
永願蠲除忿恚心하고 **常樂修行諸佛法**이로다

계율을 굳게 지키어 범하지 않고
결정한 뜻 참고 참아 흔들리지 않으며
성내고 분한 마음 영원히 없애고
모든 불법 수행하기 항상 즐기도다.

여기까지 제왕이 된 보살의 인품을 더욱 부연하여 설명하였다. 한 나라를 다스리는 제왕의 사람됨이 이와 같다고 상상만 해도 가슴이 뜨거워지지 않을 수 없다.

3) 상相을 따르는 회향을 말하다

음 식 향 만 급 의 복　　거 기 상 욕 좌 여 등
飲食香鬘及衣服과　　車騎牀褥座與燈을

보 살 실 이 급 제 인　　병 급 소 여 무 량 종
菩薩悉以給濟人호대　　幷及所餘無量種이로다

음식과 향과 화만華鬘과 의복들이며
수레와 말과 평상과 침구와 의자와 등불을
보살이 모두 다 보시하여 사람들을 구제하며
그 외에 온갖 것을 한량없이 베풀도다.

보살은 중생을 위해서 무엇이나 가리지 않고 다 나누어 준다. 음식과 향과 의복 등 중생이 필요하다면 베풀지 않는 것이 없다. 인간과 생명을 이롭게 하는 것이 불법이기 때문이다. 그러므로 진정한 불법을 수행하려면 나누고 베풀고 보시하여야 한다.

위 이 익 고 이 행 시　　영 기 개 발 광 대 심
爲利益故而行施하야　**令其開發廣大心**호대

어 존 승 처 급 소 여　　의 개 청 정 생 환 희
於尊勝處及所餘에　**意皆淸淨生歡喜**로다

중생을 이익케 하려고 보시를 행하며
그들에게 광대한 마음을 내게 하나니
높으신 곳이거나 다른 곳이거나
생각이 청정하여 환희심을 내도다.

보살은 중생들의 이익을 위해서 넓고 큰 마음으로 높고 낮은 차별 없이 마음을 텅 비워서 보시하여 모두를 환희하게 한다.

보 살 일 체 개 주 급　　내 외 소 유 실 능 사
菩薩一切皆周給하야　**內外所有悉能捨**하고

필 사 기 심 영 청 정　　　불 령 잠 이 생 협 렬
必使其心永清淨하야　不令暫爾生狹劣이로다

보살이 모든 이에게 보시할 적에
안팎으로 가진 것을 모두 버리되
반드시 그 마음 항상 청정하게 하여
잠깐도 비좁고 용렬한 마음 내지 않게 하도다.

보살이 중생을 위해서 보시를 행할 때 반드시 그 마음을 청정하게 텅 비운다. 1초의 짧은 순간이라도 좁고 용렬한 생각을 내지 않는다. 보통의 사람들은 보시는 하되 사람을 차별하고 마음을 비우지 못한다. 주면서도 오히려 용렬한 생각을 일으킨다. 그래서 이와 같은 가르침을 억만 번 읽고 또 읽으며 생각하고 또 생각해야 한다. 그것이 수행이다.

혹 시 어 두 혹 시 안　　　혹 시 어 수 혹 시 족
或施於頭或施眼하며　或施於手或施足하며
피 육 골 수 급 여 물　　　일 체 개 사 심 무 린
皮肉骨髓及餘物을　一切皆捨心無悋이로다

혹은 머리를 보시하고 혹은 눈을 빼 주며
혹은 손도 주고 발도 보시하며
피부와 살과 뼈와 골수와 다른 것까지
모두 다 보시해도 인색한 마음 없도다.

보살은 중생들에게 머리, 눈, 손, 발, 피부, 살, 뼈, 골수 등 어떤 것을 주더라도 아까워하는 마음이 없다.

보 살 신 거 대 왕 위　　종 족 호 귀 인 중 존
菩薩身居大王位하니　**種族豪貴人中尊**이라

개 구 출 설 시 군 생　　기 심 환 희 무 우 련
開口出舌施群生호대　**其心歡喜無憂戀**이로다

보살의 몸이 국왕의 자리에 올라
종족도 귀하여 사람들 중에 가장 높은데
입 벌리고 혀를 내어 중생에게 보시하되
그 마음 환희하고 염려하지 않도다.

보살은 한 나라의 국왕이 되어 가장 존귀한 자리에 있더라도 혀를 뽑아 보시하며 환희한 마음을 낼 뿐이다. 염려하는 생각은 눈곱만치도 없다. 자기 것이라고 내려놓을 줄 모르는 미혹한 중생들은 이러한 가르침을 억만 번이라도 읽어서 감동을 받아야 한다.

이피시설제공덕　　　　회향일체제중생
以彼施舌諸功德으로　廻向一切諸衆生하고

보원자차승인연　　　　실득여래광장설
普願藉此勝因緣하야　悉得如來廣長舌이로다

저렇게 혀를 보시한 모든 공덕으로
일체 모든 중생에게 회향하면서
이 좋은 인연으로 널리 서원하기를
'여래의 광장설廣長舌을 얻어지이다.' 라고 하느니라.

여래의 광장설廣長舌이란 여래의 혀는 넓고 길다는 말인데, 진리의 설법이 온 우주를 다 덮는다는 뜻에서 "혀가 넓고 길다."고 표현한다. 그러므로 혀를 보시한다는 것은 중생을 위해서 진리의 가르침을 혀가 닳도록 설하고 또 설한다는 의

미이다.

혹 시 처 자 급 왕 위　　　혹 시 기 신 작 동 복
或施妻子及王位하며　**或施其身作僮僕**호대

기 심 청 정 상 환 희　　　여 시 일 체 무 우 회
其心淸淨常歡喜하야　**如是一切無憂悔**로다

혹은 처자와 왕의 지위를 보시하고
혹은 이 몸을 제공하여 하인이 되지만
그 마음이 청정하고 항상 환희해
이와 같은 모든 일에 뉘우침이 없도다.

보살은 중생의 이익과 안녕을 위해 자신의 처자를 내어 주고 왕위까지도 내어 준다. 그런데 하물며 돈과 재산과 일체 소유물이겠는가.

수 소 낙 구 함 시 여　　　응 시 급 제 무 피 염
隨所樂求咸施與호대　**應時給濟無疲厭**하야

일 체 소 유 개 능 산　　제 래 구 자 보 만 족
一切所有皆能散하니　　**諸來求者普滿足**이로다

즐겨 구하는 것을 따라 다 베풀어 주며
때를 맞추어 공급하여 싫은 줄을 모르고
일체 소유를 다 능히 버리어
구하는 모든 사람들을 만족케 하도다.

보살은 중생을 위해 주고 주고 또 주어도 주는 일이 끝이 없다. 마치 자신이 낳아 기른 사랑하는 자식에게 아무리 주어도 더 주고 싶은 어머니의 마음과 같다. 어머니가 자식에게 무엇인들 주고 아까워하겠는가. 또 무슨 후회를 하겠는가. 그래서 보살을 대성자모大聖慈母라고 한다.

위 문 법 고 시 기 신　　수 제 고 행 구 보 리
爲聞法故施其身하야　　**修諸苦行求菩提**하고
부 위 중 생 사 일 체　　구 무 상 지 불 퇴 전
復爲衆生捨一切하야　　**求無上智不退轉**이로다

법문을 듣기 위해 몸을 바치고

모든 고행 닦아서 보리菩提를 구하며
다시 중생 위해 모두를 버리되
가장 높은 지혜 구하도록 퇴전치 않도다.

보살의 이상적인 삶이다. 위로는 끝없이 법문을 들어 자신의 보리를 구하고, 아래로는 중생들이 가장 높은 지혜를 구하도록 물러서지 않고 베풀고 또 베푼다.

이 어 불 소 문 정 법　　자 사 기 신 충 급 시
以於佛所聞正法하고　**自捨其身充給侍**호대
위 욕 보 구 제 군 생　　발 생 무 량 환 희 심
爲欲普救諸群生하야　**發生無量歡喜心**이로다

부처님께 바른 법을 듣기 위하여
스스로 이 몸을 바쳐 가며 시중을 들고
모든 중생들을 널리 구제하기 위하여서는
한량없는 기쁜 마음 내게 되도다.

다시 또 스스로는 부처님께 바른 법을 듣기 위하여 이 몸을 다 바쳐 시중을 들고, 그 일이 모두 중생들을 구제하기 위한 일이므로 한량없는 기쁜 마음이 저절로 일어난다.

피견세존대도사　　능이자심광요익
彼見世尊大導師가　**能以慈心廣饒益**하고

시시용약생환희　　청수여래심법미
是時踊躍生歡喜하야　**聽受如來深法味**로다

보살들은 세존이신 대도사大導師께서
자비한 마음으로 널리 이익하게 하심을 보고
이때에 뛸 듯이 기쁜 마음을 내어
여래의 깊은 법문을 듣고 행하느니라.

보살이 중생들에게 세존께서 어떻게 하는가를 본보기로 보여 주는 내용이다. 보살은 스스로 중생들에게 자비심으로 널리 이익하게 하는 삶을 살기 때문에 세존께서 그와 같이 하시는 사실에 대해서 스스로 실로 뛸 듯이 기뻐하는 것이다. 그리고 여래의 깊은 법을 듣고 행하게 된다. 이것이 보살의 중생을 위한 본보기다.

보 살 소 유 제 선 근　　　실 이 회 향 제 중 생
菩薩所有諸善根을　　　悉以廻向諸衆生하야

보 개 구 호 무 유 여　　　영 사 해 탈 상 안 락
普皆救護無有餘하고　　永使解脫常安樂이로다

보살이 소유한 모든 선근을
모든 중생에게 다 회향하면서
하나도 빠짐없이 모두 구호하여
영원히 해탈하여 안락케 하도다.

보살이 선근을 닦는 것은 단순히 선근을 닦는 데만 그치지 않고 그 선근 공덕을 보다 나은 내용으로 회향한다. 즉 자신의 공덕을 중생들에게 남김없이 회향하여 해탈과 안락이 되게 한다.

보 살 소 유 제 권 속　　　색 상 단 엄 능 변 혜
菩薩所有諸眷屬이　　　色相端嚴能辯慧하며

화 만 의 복 급 도 향　　　종 종 장 엄 개 구 족
華鬘衣服及塗香의　　　種種莊嚴皆具足이로다

보살이 소유한 모든 권속들
얼굴도 단정하고 말도 잘하며
꽃다발과 의복과 바르는 향으로
가지가지 장엄하여 모두 구족하도다.

차 제 권 속 심 희 유　　보 살 일 체 개 능 시
此諸眷屬甚希有어늘　**菩薩一切皆能施**하고

전 구 정 각 도 군 생　　여 시 지 심 무 잠 사
專求正覺度群生하니　**如是之心無暫捨**로다

이러한 모든 권속 매우 희유하거늘
보살이 일체를 다 보시하고
오로지 정각을 구하여 중생도 제도하나니
이와 같은 마음을 잠깐도 버리지 않네.

두 게송은 보살이 소유한 모든 권속이 아름다운 모습과 여러 가지 재능과 장엄을 구족하여 세상에 희유하다는 것을 밝혔고, 이와 같은 일체 권속을 보살이 능히 다 보시함을 밝혔다. 그러면서 오로지 정각을 구하여 중생을 제도하는 마음을 잠깐도 버리지 않는다.

보 살 여 시 체 사 유　　　비 행 종 종 광 대 업
菩薩如是諦思惟하야　　備行種種廣大業하고

실 이 회 향 제 함 식　　　이 불 생 어 취 착 심
悉以廻向諸含識호대　　而不生於取着心이로다

보살이 이와 같이 자세히 사유하여
가지가지 광대한 업業 모두 행하고
모두 다 중생에게 회향하지만
집착하는 마음을 내지 않도다.

보살은 모든 권속을 보시하고 오로지 정각을 성취하여 중생을 제도하기 위함이라는 생각을 깊이 한다. 또한 온갖 광대한 능력과 복덕업의 작용을 모두 행하여 중생에게 회향한다. 그러나 그렇게 쌓고 쌓은 선근 공덕을 남김없이 중생에게 회향하지만 조금도 집착하는 마음을 내지 않는다.

보 살 사 피 대 왕 위　　　급 이 국 토 제 성 읍
菩薩捨彼大王位와　　**及以國土諸城邑**과

궁 전 누 각 여 원 림　　　동 복 시 위 개 무 린
宮殿樓閣與園林과　　**僮僕侍衛皆無悋**이로다

보살이 대왕의 저 지위를 능히 버리고

국토와 여러 도시들과 성읍과

궁전과 누각과 원림과

시중들까지 모두 다 보시하여 아끼지 않도다.

피 어 무 량 백 천 겁　　　처 처 주 행 이 시 여
彼於無量百千劫에　　**處處周行而施與**하고

인 이 교 도 제 군 생　　　실 사 초 승 무 상 안
因以教導諸群生하야　**悉使超昇無上岸**이로다

그 보살은 한량없는 백천겁 동안

곳곳마다 다니면서 보시해 주고

그로 인해 모든 중생 가르치어서

가장 높은 저 언덕에 오르게 하도다.

보살은 대왕의 지위까지도 능히 다 버린다. 또 국토와 온갖 도시와 성읍과 수많은 궁전과 누각과 원림과 시중들까지 보시하는 일을 백천 겁 동안 곳곳마다 다니면서 다 한다. 이와 같은 보시의 일을 모든 중생에게 가르쳐서 가장 높은 저 언덕에 오르게 한다. 보시하여 중생을 제도하는 일을 이와 같이 반복하여 읽고 또 읽어서 제8 아뢰야식까지 깊이 각인되어 없어지지 않게[無沒] 하는 것이다.

무 량 품 류 각 차 별　　　시 방 세 계 래 췌 지
無量品類各差別이　　**十方世界來萃止**어든

보 살 견 이 심 흔 경　　　수 기 소 핍 영 만 족
菩薩見已心欣慶하야　**隨其所乏令滿足**이로다

한량없이 차별한 여러 종류들
시방의 세계에서 와서 모이니
보살이 보고 나서 환희한 마음으로
부족한 것을 다 주어 만족케 하도다.

사찰에는 사찰대로 정기적으로 구걸하러 오는 사람들이 있다. 정기적으로 오기 때문에 그들을 좋은 모습으로 보아주기가 어렵다. 보살은 별별 사람이 다 시방세계에서 모여 와서 차비를 요구하더라도 환희한 마음으로 그들을 맞이해야 한다. 그리고 그들이 필요로 하는 것을 만족하게 다 주어야 한다. 그들의 습관을 나쁘게 만드는 것은 그들의 몫이지 보살은 그것을 언급해서는 안 된다.

사찰은 본래 무한보시를 실천하는 보살을 길러 내는 보살사관학교다. 사찰의 건립 목적이 그것이다. 그래서 모두가 무한의 자비심을 가진 보살이 되어야 한다. 사찰뿐만 아니라 작은 포교당을 포함하여 모든 불교단체는 크고 작은 보살사관학교다. 무한보시를 실천하는 보살을 길러 내는 수련소이며 훈련장이다.

여삼세불소회향　　　보살역수여시업
如三世佛所廻向하야　**菩薩亦修如是業**하나니

조어인존지소행　　　실개수학도피안
調御人尊之所行을　**悉皆隨學到彼岸**이로다

삼세三世의 부처님들 회향하듯이

보살들도 이런 업을 또한 닦으며

조어장부調御丈夫, 천인사天人師 행하신 대로
모두 따라 배워서 저 언덕에 이르도다.

모든 것을 보시하여 회향하는 수행은 과거 미래 현재의 모든 부처님이 선근을 닦아 회향하신 수행이다. 보살들도 이와 같은 선근 회향의 선업을 또한 닦는다. 조어장부, 천인사는 부처님의 다른 이름이다. 부처님이 하신 대로 따라 배워서 저 언덕에 이른다.

4〉 상相을 떠난 회향을 말하다

보살관찰일체법　　수위능입차법자
菩薩觀察一切法호대　**誰爲能入此法者**며

운하위입하소입　　여시보시심무주
云何爲入何所入고하야　**如是布施心無住**로다

보살이 일체 법을 관찰하되
누가 능히 이 법에 들어간 분이며
어떻게 들어가며 어디에 들어가는가.
이와 같이 보시하여 마음이 머무는 데 없도다.

상相을 떠난 회향이란 일체 법의 근본이 텅 비어 공적한 입장에서 바라보는 보시이다. 일체 법을 관찰하되 누가 이 법에 들어가며, 어떻게 들어가며, 어디에 들어가는가를 관찰해 보면 거기에는 어떤 실체도 없다. 어떤 실체도 없다는 사실을 알고 보시하면 마음은 머무는 데가 없다.

보살회향선교지 菩薩廻向善巧智하며 보살회향방편법 菩薩廻向方便法하며

보살회향진실의 菩薩廻向眞實義호대 어기법중무소착 於其法中無所着이로다

보살은 교묘한 지혜에 회향하며
보살은 방편법에 회향하며
보살은 참된 뜻에 회향하지만
그런 법에 조금도 집착이 없도다.

보살이 선근을 닦아서 단순히 선근 공덕에만 머물지 않고 그 선근으로 다시 교묘한 지혜에 회향하며, 훌륭한 방편의 법에 회향하며, 진리에 회향한다. 그러나 상을 떠난 회향

을 하므로 조금도 집착이 없다.

심불분별일체업　　　역불염착어업과
心不分別一切業하며　亦不染着於業果하고
지보리성종연기　　　입심법계무위역
知菩提性從緣起하야　入深法界無違逆이로다

마음은 일체 업業을 분별하지 않고
또한 업의 과보에도 집착하지 않고
보리의 성품이 인연으로 생김을 알아
깊은 법계에 들어가서 어기지 않도다.

마음의 본체는 업을 분별하지 않는다. 또 업의 과보에서도 초월하였다. 업도 인연으로 생기고, 업의 과보도 인연으로 생기고, 보리의 성품도 인연으로 생긴다. 마치 금이 인연으로 인하여 여러 가지 모양을 만들어 내지만 금의 본성은 그 인연을 따르지 않고 그대로 금일 뿐인 것과 같다. 또한 물이 바람을 따라 온갖 파도를 일으키지만 물의 성품은 그대로인 것과 같다.

불어신중이유업　　역불의지어심주
不於身中而有業하고　亦不依止於心住하야

지혜요지무업성　　이인연고업불실
智慧了知無業性이나　以因緣故業不失이로다

몸 가운데는 업이 있지도 않고
또한 마음을 의지하여 머물지도 않아
지혜로는 업의 성품이 없음을 알고 있으나
인연으로는 업이 없지도 않도다.

업이란 본래 실체가 없다. 그래서 몸에도 마음에도 머물지 않는다. 이와 같이 아는 것이 업의 성품이 없는 것을 아는 지혜다. 다만 인연을 따라 업이 일어난다. 앞에서 예로 든 금의 온갖 모양이나 여러 가지 물결이 인연으로 잠깐 형상을 나타내는 이치와 같다.

심불망취과거법　　역불탐착미래사
心不妄取過去法하고　亦不貪着未來事하며

불어현재유소주　　요달삼세실공적
不於現在有所住하야　了達三世悉空寂이로다

마음으로 지나간 법을 허망하게 취하지 않고
또한 미래의 일도 탐내지 아니하며
현재에 머물지도 아니하나니
삼세가 모두 공空한 줄을 통달하였네.

이 구절은 자주 인용되는 화엄경의 명구다. 실은 마음의 작용으로 과거와 미래와 현재의 온갖 일을 만들어서 사람의 삶이 천변만화하지만 그 마음의 본체는 과거 미래 현재에 걸리지 않는다. 삼세가 모두 텅 비어 공한 줄을 알기 때문이다. 이러한 이치를 아는 사람은 어떤 상황에도 흔들리지 않는다.

보살이도색피안　　　　수상행식역여시
菩薩已到色彼岸하며　受想行識亦如是라

초출세간생사류　　　　기심겸하상청정
超出世間生死流하야　其心謙下常清淨이로다

보살이 색色의 저 언덕에 이르렀으며
수受와 상想과 행行과 식識도 또한 그러해

세간의 생사의 흐름에서 뛰어났으니
그 마음 겸손하고 항상 청정하도다.

보살이 오온五蘊의 저 언덕에 이르렀다는 것은 오온으로 삶을 살되 참나[眞我]의 오온으로 사는 것이다. 진공묘유의 오온이다. 그것이 오온의 저 언덕이다. 이미 제거해야 할 낮은 차원의 오온이 아니다. 그러므로 세간의 생사의 흐름에서 뛰어났으며, 그 마음은 한없이 겸손하고 항상 청정하다. 보살의 오온은 이와 같다.

체관오온십팔계 **諦觀五蘊十八界**와	십이종처급기신 **十二種處及己身**하야
어차일일구보리 **於此一一求菩提**하니	체성필경불가득 **體性畢竟不可得**이로다

오온五蘊과 십팔계十八界와
십이처十二處와 자기 몸까지 자세히 관찰하고
여기에서 낱낱이 보리를 구하려 하나
그 자체 성품을 필경에 얻을 수 없도다.

불교는 보리를 구하는 것을 최고의 이상이라고 여긴다. 보리를 어디에서 구할 것인가. 바깥 경계에서는 구할 수 없고, 구하는 사람 본인에게서 구할 수밖에 없다. 그 본인이란 오온과 십팔계와 십이처가 전부이다. 이것을 낱낱이 자세히 관찰하여 보리를 찾으나 찾으려는 보리는 그 어디에도 없다. 오온과 십팔계와 십이처에서는 필경에 찾을 수 없다는 사실을 깨닫는 것이 곧 보리이다.

불 취 제 법 상 주 상　　어 단 멸 상 역 불 착
不取諸法常住相하고　**於斷滅相亦不着**하니

법 성 비 유 역 비 무　　업 리 차 제 종 무 진
法性非有亦非無로대　**業理次第終無盡**이로다

모든 법이 항상하다 취하지 않고
아주 없다는 소견에도 집착 않나니
법의 성품 있지도 않고 또한 없지도 않지만
업業의 이치 차례대로 다함이 없도다.

모든 법이 항상하다는 견해에 떨어져도 치우친 것이고,

모든 법이 아주 없다는 단멸에 떨어져도 역시 치우친 견해이다. 모든 법은 있으면서 없고 없으면서 있는 중도적 관점에서 보아야 바로 보는 것이다. 그래서 법의 성품은 있지도 않고 또한 없지도 않지만 인간의 업은 인연을 따라 일어나고 사라진다.

불 어 제 법 유 소 주　　　불 견 중 생 급 보 리
不於諸法有所住하면　**不見衆生及菩提**하야

시 방 국 토 삼 세 중　　　필 경 구 지 무 가 득
十方國土三世中에　**畢竟求之無可得**이로다

모든 법에 머물러 있지 않으면
중생이나 보리를 볼 수 없나니
시방의 국토에나 삼세 가운데
끝까지 구하여도 얻을 수 없도다.

일체 법에 머물러 있지 않으면 중생도 없고 보리도 없다. 머무는 것이 인연이 되어 중생이 있고 부처가 있고 보살이 있고 팔만사천 법이 어지럽게 일어난다.

약능여시관제법　즉여제불지소해
若能如是觀諸法하면　則如諸佛之所解하야

수구기성불가득　보살소행역불허
雖求其性不可得이나　菩薩所行亦不虛로다

만약 이와 같이 모든 법을 관찰한다면
모든 부처님의 이해함과 같을 것이니
비록 그 성품 구하여서 찾지 못하나
보살의 행하는 일 또한 헛되지 않도다.

"일체 법에 머물러 있지 않으면 중생도 없고 보리도 없다."는 법을 관찰한다면 모든 부처님이 제법을 이해함과 같다. 비록 그 성품 공하여 텅 비었으나 공한 가운데 보살행은 결코 헛되지 않고 중생을 이익하게 한다.

보살요법종연유　불위일체소행도
菩薩了法從緣有하야　不違一切所行道하고

개시해탈제업적　욕사중생실청정
開示解脫諸業跡하야　欲使衆生悉淸淨하나니

시위지자소행도　　일체여래지소설
是爲智者所行道라　　一切如來之所說이로다

보살이 법은 인연으로부터 있음을 알아
일체의 행行할 도道를 어기지 않고
해탈하는 업業의 자취 열어 보여
중생들을 청정하게 하려 하나니
이것이 지혜로운 이가 행하는 길이라
일체 여래가 말씀하신 가르침이로다.

부처님의 가르침이란 곧 지혜로운 이들이 행하는 길이다. 그 길은 무엇인가. 일체 모든 법은 인연으로부터 생기고 인연으로부터 소멸한다는 연기연멸緣起緣滅의 이치다. 그러므로 인연의 이치를 따라 행할 것을 행하여 해탈하는 업의 자취를 열어 보인다. 연기의 이치를 깨달아 실천하면 곧 지혜로운 이가 된다. 이와 같은 가르침을 널리 펴는 것은 큰 보시이다.

5〉 제6 회향을 해석하다

수순사유입정의　　　자연각오성보리
隨順思惟入正義하면　**自然覺悟成菩提**하리니

제법무생역무멸　　　역부무래무유거
諸法無生亦無滅이며　**亦復無來無有去**로다

수순 사유하여 바른 뜻에 들어가면
자연히 깨달아서 보리를 이루리라.
모든 법은 생生함도 없고 멸滅함도 없고
또한 다시 오는 것도 가는 것도 없도다.

연기의 이치를 수순 사유하여 존재의 바른 뜻에 들어가면 자연히 존재의 원리를 깨달아 보리를 이루리라. 또한 제법은 불생不生 불멸不滅이며, 무래無來 무거無去며, 부단不斷 불상不常이며, 불일不一 불이不二며, 불래不來 불출不出이라는 중도의 원리임을 깨달아 아는 것이다.

불어차사이생피　　　시인오해제불법
不於此死而生彼하면　**是人悟解諸佛法**이라

요달제법진실성　　이어법성무분별
了達諸法眞實性하야　而於法性無分別이로다

여기 죽어 저기에 나지 않으면
이 사람 불법佛法을 깨달아 알리라.
모든 법의 참성품 분명히 알면
모든 법의 성품에 분별이 없으리라.

모든 생명은 여기서 죽어 저기에 태어난다. 만약 해탈한 이라면 생사를 초월하여 여기서 죽고 저기에 태어남이 없다. 이 사람은 비로소 모든 부처님의 법을 깨달은 사람이다. 모든 법의 참성품은 본래로 생멸이 없으며 생사도 없다. 그래서 공성空性의 참성품을 터득한 사람은 법의 성품과 같아서 불생불멸이며 불구부정이며 부증불감이다.

지법무성무분별　　차인선입제불지
知法無性無分別하면　此人善入諸佛智라

법성변재일체처　　일체중생급국토
法性徧在一切處와　一切衆生及國土하며

삼세실재무유여　　　역무형상이가득
三世悉在無有餘호대　亦無形相而可得이로다

법은 성품도 없고 분별도 없음을 알면
이 사람 모든 부처님의 지혜에 잘 들어가리라.
법의 성품 온갖 곳에 두루 있으며
일체 중생과 여러 국토와
삼세에 모두 있어 남음 없지만
그래도 그 형상을 얻을 수 없도다.

법의 성품은 고정된 실체가 없으면서 온갖 곳에 두루 하다. 그와 같은 이치를 아는 사람은 곧 부처님의 지혜에 들어간 사람이다. 법의 성품은 고정된 실체가 없기 때문에 아무리 두루 하더라도 어떤 형상도 찾을 수 없다.

일체제불소각료　　　실개섭취무유여
一切諸佛所覺了를　悉皆攝取無有餘하야
수설삼세일체법　　　여시등법실비유
雖說三世一切法이나　如是等法悉非有로다

일체 모든 부처님이 깨달은 것을
모두 다 남김없이 거두어
삼세의 일체 법을 비록 설하나
이와 같은 법은 하나도 있는 것이 아니로다.

부처님은 평생을 통해서 그 많은 법을 설하고도 "나는 한 글자도 설한 바가 없다."고 하셨다. 부처님은 정각을 이루시고 일체 존재의 존재 원리를 무수히 설하셨다. 그것도 과거 현재 미래의 일체 법까지 설하셨다. 그리고 "이와 같은 법은 하나도 있는 것이 아니로다."라고 하였다.

여제법성변일체　　보살회향역부연
如諸法性徧一切하야　菩薩迴向亦復然하니
여시회향제중생　　상어세간무퇴전
如是迴向諸衆生하야　常於世間無退轉이로다

모든 법의 성품이 일체에 두루 함과 같이
보살의 회향함도 또한 다시 그러하니
이와 같이 모든 중생에게 회향하여

항상 세간에서 퇴전함이 없도다.

모든 법의 성품이 온 우주법계에 두루 한 것과 같이 보살이 온갖 선근을 닦아서 일체 중생에게 회향하는 일도 또한 그와 같다. 즉 법계 그대로가 선근을 닦음이며 선근을 회향함이다. 즉 법계선근 법계회향이다. 우주적 참나를 깨달은 보살은 이렇게 선근을 닦고 이렇게 회향한다. 이러한 회향에 어찌 중단이 있으며 퇴전이 있겠는가.

화엄경 80권 중에서 무려 세 권 반이나 되는 길고 긴 제6 수순견고일체선근회향의 법문이 이제 끝났다. 불교의 전반을 살펴보면 보시에 대한 가르침이 반 이상을 차지하고 있다. 더구나 화엄경은 오로지 보살행을 권장하는 가르침이라고 해도 지나친 말이 아니다. 보살행은 무엇으로 표현되는가. 그것은 보시며, 나눔이며, 회향하는 일이다. 제6 회향에서는 60종의 보시를 들고 그것을 다시 회향하는 내용으로 일관하였다. 그래서 필자는 불법은 무엇을 보시하든 보시하는 일이라고 결론지었다. 보시가 없는 것은 불법이 아니다. 돈을 벌어 재산을 모으든 공부하고 수행하여 덕행을 쌓든 자신이 쌓은 수행을 보시하고 나누고자 하는 일이다. 만약 일생 동안 공부만 하고 나누지 못하면 그것은 일생을 그르친 삶[誤平生]이리라.

십회향품 6 끝

〈제28권 끝〉

華嚴經 構成表

分次	周次		內容	品數	會次
擧果勸樂生信分 (信)	所信因果周		如來依正	世主妙嚴品 第一 如來現相品 第二 普賢三昧品 第三 世界成就品 第四 華藏世界品 第五 毘盧遮那品 第六	初會
修因契果生解分 (解)	差別因果周	差別因	十信	如來名號品 第七 四聖諦品 第八 光明覺品 第九 菩薩問明品 第十 淨行品 第十一 賢首品 第十二	二會
			十住	昇須彌山頂品 第十三 須彌頂上偈讚品 第十四 十住品 第十五 梵行品 第十六 初發心功德品 第十七 明法品 第十八	三會
			十行	昇夜摩天宮品 第十九 夜摩天宮偈讚品 第二十 十行品 第二十一 十無盡藏品 第二十二	四會
			十廻向	昇兜率天宮品 第二十三 兜率宮中偈讚品 第二十四 十廻向品 第二十五	五會
			十地	十地品 第二十六	六會
			等覺	十定品 第二十七 十通品 第二十八 十忍品 第二十九 阿僧祇品 第三十 如來壽量品 第三十一 菩薩住處品 第三十二	七會
		差別果	妙覺	佛不思議法品 第三十三 如來十身相海品 第三十四 如來隨好光明功德品 第三十五	
	平等因果周	平等因		普賢行品 第三十六	
		平等果		如來出現品 第三十七	
托法進修成行分 (行)	成行因果周		二千行門	離世間品 第三十八	八會
依人證入成德分 (證)	證入因果周		證果法門	入法界品 第三十九	九會

(資料 : 文殊經典硏究會)

會場	放光別	會主	入定別	說法別擧
菩提場	遮那放齒光眉間光	普賢菩薩爲會主	入毘盧藏身三昧	如來依正法
普光明殿	世尊放兩足輪光	文殊菩薩爲會主	此會不入定 · 信未入位故	十信法
忉利天宮	世尊放兩足指光	法慧菩薩爲會主	入無量方便三昧	十住法門
夜摩天宮	如來放兩足趺光	功德林菩薩爲會主	入菩薩善思惟三昧	十行法門
兜率天宮	如來放兩膝輪光	金剛幢菩薩爲會主	入菩薩智光三昧	十廻向法門
他化天宮	如來放眉間毫相光	金剛藏菩薩爲會主	入菩薩大智慧光明三昧	十地法門
再會普光明殿	如來放眉間口光	如來爲會主	入刹那際三昧	等妙覺法門
三會普光明殿	此會佛不放光 · 表行依解法依解光故	普賢菩薩爲會主	入佛華莊嚴三昧	二千行門
祇陀園林	放眉間白毫光	如來善友爲會主	入獅子頻申三昧	果法門

如天 無比

1943년 영덕에서 출생하였다. 1958년 출가하여 덕홍사, 불국사, 범어사를 거쳐 1964년 해인사 강원을 졸업하고 동국역경연수원에서 수학하였다. 10여 년 선원생활을 하고 1976년 탄허스님에게 화엄경을 수학하고 전법, 이후 통도사 강주, 범어사 강주, 은해사 승가대학원장, 대한불교조계종 교육원장, 동국역경원장, 동화사 한문불전승가대학원장 등을 역임하였다.
현재 부산 문수선원 문수경전연구회에서 150여 명의 스님과 250여 명의 재가 신도들에게 화엄경을 강의하고 있다. 또한 다음 카페 '염화실'(http://cafe.daum.net/yumhwasil)을 통해 '모든 사람을 부처님으로 받들어 섬김으로써 이 땅에 평화와 행복을 가져오게 한다.'는 인불사상(人佛思想)을 펼치고 있다.

저서로『법화경 법문』,『신금강경 강의』,『직지 강설』(전 2권),『법화경 강의』(전 2권),『신심명 강의』,『임제록 강설』,『대승찬 강설』,『유마경 강설』,『당신은 부처님』,『사람이 부처님이다』,『이것이 간화선이다』,『무비 스님과 함께하는 불교공부』,『무비 스님의 증도가 강의』,『일곱 번의 작별인사』, 무비 스님이 가려 뽑은 명구 100선 시리즈(전 4권) 등이 있고 편찬하고 번역한 책으로『화엄경(한글)』(전 10권),『화엄경(한문)』(전 4권),『금강경 오가해』등이 있다.

대방광불화엄경 강설 제28권

| **초판 1쇄 발행**_ 2015년 9월 6일
| **초판 2쇄 발행**_ 2018년 4월 4일

| **지은이**_ 여천 무비(如天 無比)
| **펴낸이**_ 오세룡
| **편집**_ 박성화 손미숙 정선경 이연희
| **기획**_ 최은영
| **디자인**_ 고혜정 김효선 장혜정
| **홍보 마케팅**_ 이주하
| **펴낸곳**_ 담앤북스
서울특별시 종로구 사직로8길 34 (내수동) 경희궁의 아침 3단지 926호
대표전화 02)765-1251 전송 02)764-1251 전자우편 damnbooks@hanmail.net
출판등록 제300-2011-115호
| ISBN 978-89-98946-61-6 04220

정가 14,000원

金剛幢菩薩說六隨順堅固善根迴向